Bert Hellinger
Liebes-Geschichten

Bert Hellinger

LIEBES-GESCHICHTEN

zwischen Mann und Frau,
Eltern und Kindern,
uns und der Welt

Kösel

FSC
Mix
Produktgruppe aus vorbildlich
bewirtschafteten Wäldern und
anderen kontrollierten Herkünften

Zert.-Nr. SGS-COC-1940
www.fsc.org
© 1996 Forest Stewardship Council

Verlagsgruppe Random House FSC-DEU-0100
Das für dieses Buch verwendete FSC-zertifizierte Papier
EOS liefert Salzer, St. Pölten.

Copyright © 2006 Kösel-Verlag, München,
in der Verlagsgruppe Random House GmbH
Umschlag: Kaselow Design, München
Umschlagmotiv: U. Kawai / Getty Images
Druck und Bindung: GGP Media GmbH, Pößneck
Printed in Germany
ISBN-10: 3-466-30724-4
ISBN-13: 978-3-466-30724-1

www.koesel.de

INHALT

EINFÜHRUNG

Diese Liebes-Geschichten erzählen, wie die Liebe gelingt – und wie auch der Abschied mit Liebe gelingt. Sie erzählen von den Prüfungen der Liebe und was der Liebe manchmal entgegensteht. Oft ist dabei niemand schuld, sondern einer der Partner – und manchmal auch beide – wollen unter dem Einfluss von Ereignissen in ihrer Herkunftsfamilie einem Schicksal folgen, das sie gefangen nimmt und dem sie treu sind.

Diese Geschichten erzählen auch, wie sich die Partner aus diesen Schicksalen lösen können, wenn ans Licht kommt, dass es nicht ihr eigenes Schicksal ist, dem sie folgen, sondern das Schicksal einer anderen Person, mit der sie sich verbunden fühlten, ohne dass es ihnen bewusst war.

Solche Geschichten sind besonders bewegend, denn wenn wir sie lesen oder hören, können wir innerlich nachfühlen, dass Ähnliches auch bei uns oder bei unserem Partner oder bei unseren Kindern Leben und Schicksal mitbestimmt. Umso größer ist die Erleichterung, wenn wir erfahren, wie solche Schicksale sich zum Besseren wenden.

Neben den Liebes-Geschichten von Mann und Frau erzählt dieses Buch auch Liebes-Geschichten von Kindern. Es erzählt von der tiefen Liebe der Kinder für ihre Eltern und ihre Geschwister und andere aus der Familie. In diesen Geschichten zeigt sich, dass niemand so tief und mit letzter Hingabe liebt wie die Kinder.

Mit ihrer Liebe wollen sie anderen in der Familie helfen. Das geht so weit, dass sie bereit sind, alles für an-

11

dere in der Familie zu opfern, selbst ihre Gesundheit und ihr Leben.

Diese Liebe ist oft verborgen. Sie versteckt sich manchmal hinter seltsamem Verhalten oder hinter einer tiefen Traurigkeit, aber auch hinter Sucht und Versagen. Umso tiefer werden wir berührt, wenn wir in diesen Geschichten Zeugen werden, wie Kinder sich auf einmal verändern, wie ihre Gesichter zu leuchten beginnen und ihre verborgene Liebe ans Licht kommt. Alle in der Familie, die Kinder und ihre Eltern, können endlich aufatmen. Ihrem Glück steht nichts mehr im Weg.

Aber auch die Liebe der Eltern zu ihren Kindern ist manchmal verborgen. Die Kinder haben es schwer, diese Liebe zu erkennen, und die Eltern haben es schwer, diese Liebe zu zeigen. Oft, weil die Eltern in die Muster und in Ereignisse ihrer Herkunftsfamilie verstrickt sind. Auch dazu erzählt dieses Buch Geschichten.

Sind damit die Themen für diese Liebes-Geschichten erschöpft? Keineswegs. Denn neben der Liebe, die innerhalb der eigenen Familie bleibt, gibt es auch eine weite Liebe, die andere Familien und andere Menschen mit einbezieht, die von uns völlig verschieden sind. Die weite Liebe öffnet uns auch für sie. Sie bringt zusammen, was sich vorher entgegenstand, und stiftet Frieden mit gegenseitiger Achtung und Liebe.

Liebe und Leben gehören zusammen, denn leben können wir nur, wenn wir lieben. Diese Liebes-Geschichten sind daher vor allem Lebens-Geschichten, Geschichten, wie mit der Liebe auch das Leben gelingt.

Bert Hellinger

DIE LIEBE VON MANN UND FRAU

Vorbemerkung

Diese Betrachtungen über die Liebe zwischen Mann und Frau und wie diese Liebe auch gegen Widerstände gelingt, hatten jeweils einen konkreten Anlass. Sie sind Zwischenbetrachtungen, in denen ich Hintergründe und Zusammenhänge beschreibe, die Antwort geben auf brennende Fragen, die in meinen Kursen von Teilnehmern gestellt wurden. Daher steht jede Betrachtung in gewisser Weise für sich. Doch sie ergänzen sich auch gegenseitig und ergeben am Ende wie ein Mosaik aus vielen unterschiedlichen Steinen ein rundes Bild. Das machte es manchmal notwendig, das Gleiche in einem anderen Zusammenhang noch einmal aufzugreifen, es weiterzuführen und zu vertiefen.

Jedes Kapitel vermittelt Einsichten, die unmittelbar auf die Paarbeziehung übertragen werden können. Daher kann jedes Kapitel für sich gelesen werden. Oft braucht es auch das Innehalten und eine Zwischenzeit, um etwas, was zuerst ungewohnt und vielleicht auch anstößig erscheinen mag, an der eigenen Erfahrung und vielleicht auch an neuem und anderem Handeln zu überprüfen. Denn jedes dieser Kapitel erzählt eine besondere Liebes-Geschichte.

LIEBE

Was Paare aneinander wachsen lässt

Wann und wo erfahren wir uns am lebendigsten? In der Paarbeziehung, wenn Mann und Frau auf jeder Ebene eins miteinander werden. Das ist auch der Vorgang, in dem sie das Leben weitergeben.

Der wesentliche Vorgang, in dem sich das Leben sowohl vollendet als auch von vorn beginnt, ist der sexuelle Vollzug. Er ist die Erfüllung des Lebens und die Erfüllung der Liebe. Was immer daher der Paarbeziehung vorausgeht und folgt, kreist um diese Mitte.

Natürlich weiß ich, dass dieser Bezug manchmal aus dem Blick entschwindet und ausgeklammert und vereitelt wird, weil anderes im Vordergrund steht. Zum Beispiel der Beruf, oder weil die Umstände es nahe legen und verlangen. Dennoch, das Leben geht weiter nur in diesem Vollzug. Nichts anderes kommt ihm an Wirkung gleich. Daher gibt es zu ihm auch keine Alternative, die ihm nahe kommen oder ihn sogar ersetzen könnte. Selbst dort, wo er in diesem vollen Sinne dem Einzelnen verwehrt sein sollte, bleibt er die Mitte des Lebens und die Mitte der Liebe.

Wie wachsen Paare aneinander? Indem sie im Dienst des Lebens aneinander wachsen.

Erfüllte Liebe

Die Paarbeziehung liegt uns am nächsten. In der Paarbeziehung, vor allem wenn das Paar in Liebe miteinander eins wird, verdichtet sich das Leben auf das Wesentliche.

Die Vereinigung in Liebe zwischen Mann und Frau ist der Punkt, an dem sich das Leben am meisten verdichtet, und zugleich die Liebe. Auf diesen Punkt wachsen wir hin. Er ist die Erfüllung des Lebens bis dahin. Was danach folgt, ist ein Schicksal, das beide auf besondere Weise für lange und vielleicht für ein ganzes Leben verbindet. In diesem Vollzug und dieser Verbindung werden Mann und Frau nicht nur körperlich eins, sondern sie werden auch in der Seele auf eine Weise eins, bei der sie sich auf einmal ganz fühlen, wo sie sich vorher nur als halb und getrennt erfahren konnten. Denn der Mann für sich ist einsam. Er braucht etwas anderes, damit er zur Fülle kommt. Er kommt zu seiner Fülle durch die Frau, mit der er sich verbindet. Das Gleiche gilt natürlich für die Frau. Allein ist sie einsam und unerfüllt. Erst durch den Mann kommt sie zu ihrer Fülle. Aber nicht von selbst. Diese Verbindung ist eine Herausforderung, an der sie beide ein Leben lang wachsen.

Doch dem steht manchmal etwas entgegen. Dann wird in der Paarbeziehung das, was fehlt, als besonders schmerzlich erfahren. Daher ist mit dem höchsten Glück zugleich sehr oft der tiefste Schmerz verbunden. Deswegen müssen wir wissen, was dieser Liebe in ihrer Erfüllung entgegensteht und was wir tun können, damit die Liebe wieder gelingt.

Die erste und die zweite Liebe

Wenn ein Mann und eine Frau sich begegnen und sich in die Augen schauen, werden sie voneinander angezogen und sind verliebt. Sie lieben sich als Mann und Frau und wollen sich miteinander verbinden, vielleicht ein Leben lang. Doch Verliebt-Sein heißt genau genommen: Ich sehe den anderen nicht. Ich bin angezogen von einem Bild, von einer Sehnsucht in meiner Seele.

Dieses Bild und diese Sehnsucht gelten zutiefst der Mutter. Sie ist unsere erste Liebe, der Anfang der Liebe. Daher ist die Liebe auf den ersten Blick im Grunde die Sehnsucht nach Verschmelzung mit der Mutter. Das gilt sowohl für den Mann als auch für die Frau. In dieser Verschmelzung gibt man sich auf, aber mit dem Gefühl, aufgefangen zu werden von einer gewaltigen Kraft, in der man vergeht. Das ist die Mutter und was wir im Bild und in unserem Gefühl mit der Mutter verbinden.

Diese Sehnsucht ist zugleich Sehnsucht nach dem Tod. In der Sehnsucht nach Verschmelzung geben wir etwas auf von unserem Leben. Deswegen ist es auch nicht verwunderlich, dass manche, die so ineinander verliebt sind, zusammen sterben wollen. Das gehört hier dazu.

Doch die wahre Liebe, die am Leben bleibt und die das Leben will, ist anders. Diese Liebe sieht den anderen, wie er oder sie ist, völlig anders als die eigene Mutter. Diese Liebe sieht, dass der andere unverwechselbar ist und dass man ihn nicht ändern kann oder darf.

Indem ich dem anderen so gegenübertrete und ihn so sehe, erkenne ich auch mich als unverwechselbar und einzigartig. Und auch ich lasse mich vom anderen als anders anblicken. Wenn wir uns so anblicken, bleiben wir, wie wir sind. Wir anerkennen, dass wir verschieden sind, dass wir aus verschiedenen Familien kommen und ein verschiedenes Schicksal haben. So einander zuzustimmen, macht stark. Und doch ist es zugleich ein Verzicht. Aus diesem Verzicht entsteht zwischen den beiden Frieden.

Was heißt hier Frieden? Frieden heißt, dass etwas, was sich entgegenstand, sich im Hinblick auf etwas Größeres verbindet. Dennoch bleiben die Unterschiede erhalten. Sie werden nicht vermischt oder eingeebnet. Das, was sich ent-

17

gegensteht, wird anerkannt als unterschiedlich und dennoch vor etwas Größerem als von gleichem Wert und gleichem Recht.

Wenn dies anerkannt wird, gibt es im Grunde keine Auseinandersetzungen mehr, keinen Ehekrach. Die Auseinandersetzungen in der Ehe und in einer Partnerschaft ergeben sich fast immer im Prozess des Loslassens von der ursprünglichen Sehnsucht nach der Mutter. Deswegen werden wir in einer solchen Auseinandersetzung bescheidener, auch größer, und am Ende milde.

Liebe und Schicksal

Das Schicksal begegnet uns in jedem Menschen, mit dem wir in Beziehung treten. Jeder wird für uns zum Schicksal – und wir für ihn. Schicksalsliebe heißt daher, dass ich sowohl jenes Schicksal liebe, das mir in ihm begegnet und mich durch ihn bereichert, herausfordert und auch trifft, als auch jenes Schicksal, das den anderen durch mich bereichert, ihn herausfordert und oft auch trifft. Dadurch wird jede Begegnung mit einem anderen Menschen eine Begegnung von Schicksalen, die hinter ihm und hinter mir wirken. Sie können beglückend sein oder schmerzlich, im Dienst des Wachstums oder der Begrenzung, Leben gebend oder Leben nehmend.

Schicksalsliebe ist daher letzte Liebe, Letztes fordernd, Letztes gebend und Letztes nehmend. In ihr wachsen wir über uns hinaus.

Was heißt das im Einzelnen? Wenn ich auf den anderen schaue, als seinem Schicksal ausgeliefert, was immer mir dadurch auch wehtut, und wenn ich anerkenne, dass dieses Schicksal unausweichlich auch mein Schicksal wird, stelle ich mich dem anderen nicht mehr nur als einem Menschen.

Ich stelle mich seinem und meinem Schicksal – und liebe es. In diesem Augenblick füge ich mich einer schicksalhaften Macht und lasse mich von ihr berühren. Ich werde von Vordergründigem und Kleinlichem gereinigt und bleibe in allem in der Liebe.

Umgekehrt, wenn ich für den anderen in einer Weise zum Schicksal werde, die ihm wehtut, die ihn begrenzt und ihn vielleicht zum Abschied und zur Trennung zwingt, widerstehe ich dem Gefühl der Schuld, als würde ich aus Eigennutz und bösem Wünschen oder Wollen handeln, und nicht, weil ich einem Schicksal ausgeliefert bin, dem seinen sowohl als dem meinen. Auch dieses Schicksal muss ich lieben, wie es ist. Ich werde durch dieses Schicksal rein und dem anderen ebenbürtig.

Wer das Schicksal so liebt, das eigene und das andere, wie immer es für ihn auch zum eigenen Schicksal wird, der ist im Einklang mit allem, wie es ist. Er ist sowohl eingebunden als auch zugewandt. Seine Liebe hat, weil sie Schicksalsliebe ist, sowohl Größe als auch Kraft.

Bewegungen der Liebe

Sehr oft ist einer der Partner an etwas gebunden, was in seiner Herkunftsfamilie unerledigt ist. Dann sagt er vielleicht zu jemandem aus seiner Familie innerlich als Kind: »Ich für dich.« Das zieht ihn weg von seinem Partner und von seiner jetzigen Familie.

Beim Familien-Stellen kommt oft ans Licht, wohin einer gezogen wird. Vorher weiß er es ja nicht. Wenn das in Ordnung gebracht wird und die Personen, die es ursprünglich angeht, die entscheidende Bewegung selbst vollziehen, ist das Kind frei.

Oft auch gibt es in der Herkunftsfamilie die Bewegung,

dass ein Kind jemandem sagt: »Ich folge dir nach.« Zum Beispiel seiner toten Mutter oder dem toten Vater. Dann beginnt es später in der Paarbeziehung vielleicht auch eine Wegbewegung. Sein Partner kann dann nichts dagegen machen. Denn es sind andere Kräfte, Schicksalskräfte, die hier wirken. Sie bringen ein Paar auseinander.

Wenn man um diese Gesetze weiß und wenn man weiß, was in einer Paarbeziehung zwischen die Liebe der Partner treten kann, wie zum Beispiel diese Sätze »Ich folge dir nach« und »Ich an deiner Stelle«, kann man es in Ordnung bringen. Dann kann das Paar zusammenbleiben.

Das heißt aber auch, was immer in einer Paarbeziehung aufgrund dieser Dynamiken geschieht, es ist niemand böse. Es ist auch niemand schuldig. Die Partner sind verstrickt.

Das eigene Schicksal

Wenn wir auf unsere Familie und auf die Ahnen schauen, sehen wir, hinter jedem von ihnen steht mächtig sein Schicksal. Wir wenden uns jedem zu und sehen hinter ihm oder ihr deren Schicksal. Wir schauen über sie hinaus auf ihr Schicksal. Wir verneigen uns vor diesem Schicksal und ziehen uns zurück, sodass jeder bei seinem eigenen Schicksal bleibt. Dann wenden wir uns um und sehen vor uns unser Schicksal. Wir verneigen uns vor unserem Schicksal, kommen in Einklang mit ihm und stimmen ihm zu, wie es ist. Wir erfahren uns in der Zustimmung zu unserem Schicksal sowohl gebunden als auch frei.

Mit dem Schicksal gehen

Manchmal erwarten andere von uns eine besondere Hilfe. Oft würden wir ihnen gerne helfen, doch es ergibt sich dabei die Frage: Werden wir dadurch vielleicht zu ihrem

Schicksal? Zum Beispiel, wenn wir ihnen einen bestimmten Rat geben. Wenn jemand diesem Rat folgt, macht er mich auf gewisse Weise zu seinem Schicksal. Wenn aber eine solche Person sich ihrem Schicksal zuwendet und sich vor ihrem Schicksal verneigt, übernimmt ihr Schicksal die Führung. Es kann sein, dass ihr Schicksal diese Person zu mir führt. Wenn ich ihr im Einklang mit ihrem Schicksal helfe, bin ich sicher. Aber nicht ohne ihr Schicksal oder gar gegen ihr Schicksal.

Wenn Eltern auf ihre Kinder schauen, verhalten sie sich manchmal, als seien sie ihr Schicksal, oder als müssten sie ihr Schicksal sein. Hier ist die gleiche Bewegung hilfreich. Sie schauen über das Kind hinaus auf sein Schicksal. Dieses Schicksal ist einzigartig. Sie blinzeln dem Schicksal ihres Kindes zu und kommen ins Einverständnis mit dem Schicksal des Kindes. Dann atmet ein solches Kind auf. Es darf bei seinem Schicksal bleiben.

Die gewöhnliche Liebe

Liebe, die gelingt, ist menschlich. Es gibt viele große Ideale über die Liebe. Ich denke zum Beispiel an die Oper *Tristan und Isolde* von Richard Wagner. Die Liebe dieser beiden war für das Leben zu groß. Sie endete mit dem Tod. Diese Liebe ist also nicht gelungen.

Liebe, die gelingt, ist menschlich, nah am Gewöhnlichen. Sie anerkennt, dass wir andere Menschen brauchen, dass wir ohne die anderen verkümmern. Wenn wir das gegenseitig anerkennen, geben wir dem anderen etwas und nehmen etwas von ihm. Wir freuen uns darüber, dass wir etwas bekommen, und wir freuen uns, dass wir etwas geben können. Indem wir fortfahren mit dem Geben und Nehmen in gegenseitiger Achtung, mit Wohlwollen und dem Wunsch, dass es sowohl dem anderen als auch uns gut geht, haben wir erfasst, was es heißt, menschlich zu lieben.

Diese Liebe beginnt mit der Beziehung zwischen Mann und Frau. Alle anderen Beziehungen später erwachsen aus dieser Liebe. Sie ist die Grundlage aller menschlichen Beziehungen. Wir werden zu ihr getrieben, unwiderstehlich, denn der Mann braucht, um ganz zu sein, die Frau, und die Frau braucht, um ganz zu sein, den Mann. Es ist ein starkes Begehren, das sie zueinander führt. Dieses Begehren, manchmal von einigen abfällig als Trieb bezeichnet, ist die mächtigste Bewegung des Lebens. Sie bringt das Leben voran. Daher sind dieses Begehren und diese Sehnsucht am tiefsten mit dem Urgrund des Lebens verbunden. Indem wir das anerkennen, sind wir in dieser Liebe mit dem Urgrund des Lebens eins. Diese Liebe und dieses Begehren verbinden uns mit der Fülle des Lebens. Wer sich auf diese Liebe einlässt, ist gefordert. Sowohl das höchste Glück wie das tiefste Leid folgen aus dieser Sehnsucht und dieser Liebe. In ihr wachsen wir.

Wer sich auf diese Liebe eingelassen hat, fließt nach einiger Zeit über. Diese Liebe geht über die Paarbeziehung weit hinaus, zum Beispiel wenn diese Liebe Kinder hervorbringt. Dann geht diese Liebe weiter in der Liebe der Eltern zu ihren Kindern. Und die Liebe, die die Kinder erfahren, fließt auf die Eltern zurück. So wachsen die Kinder heran, bis sie selbst einen Mann suchen oder eine Frau und der Fluss des Lebens durch sie weiterfließt.

Also, wo die Liebe beginnt, schließt sie im Laufe der Zeit immer mehr ein. Sie erfasst auch andere. Aber erst, wenn wir sie in uns als menschlich erfahren und bejaht haben. In dieser Hinsicht ist die ganz große Liebe gewöhnlich. Diese Liebe hat Kraft, und sie dauert.

Die Vollkommenheit

Bei einem Paar ist es so: Wenn sie sich zuerst begegnen, der Mann und die Frau, sind sie voneinander angezogen, oft unwiderstehlich. Sie sehen sich als Einzelne, ich und du. Aber hinter dem Mann stehen auch seine Mutter und sein Vater und seine Großeltern und seine Geschwister und alles, was in dieser Familie geschehen ist – ein ganzes System. Ich habe das Bild: Das ganze System, das hinter dem Mann steht, wartet auf die Frau – nicht nur er. Das Gleiche gilt für die Frau. Wenn er die Frau sieht, muss er wissen, hinter ihr stehen ihr Vater und ihre Mutter und ihre Großeltern und ihre Geschwister, ein ganzes System. Dieses System wartet auf den Mann. Beide Systeme warten darauf, dass sie vielleicht etwas zu Ende bringen können, was in ihrer Vergangenheit ungelöst war. Dabei schaut das System des Mannes nicht nur auf die Frau. Es schaut auch auf ihr System. Beide Systeme treten ein in eine Schicksalsgemeinschaft und wollen in dieser Gemeinschaft vielleicht etwas Besonderes lösen, es endlich lösen.

Es gibt daher keine Zweierbeziehung, wie wir sie uns oft vorstellen. Die Zweierbeziehung ist ein Traum. Wir sind alle eingebunden in ein Feld, in eine größere Familie. Wenn jemand in der Familie des Mannes oder in der Familie der Frau ausgeschlossen wurde, zum Beispiel frühere Partner, oder auch ein abgetriebenes Kind oder ein weggegebenes Kind oder ein behindertes Kind, oder jemand aus der Familie, dessen man sich geschämt hat, dann ist das ausgeschlossene Familienmitglied in der neuen Beziehung und der neuen Familie gegenwärtig. Daher müssen beide, der Mann und die Frau, das ausgeschlossene Familienmitglied in die neue Familie hereinholen. Nur dann sind sie beide frei für ihre Beziehung.

Das weite Herz

Ich schlage eine Meditation vor, damit wir uns einfühlen können in das Thema: Jemand wurde ausgeschlossen und jemand wird hereingenommen. Ich mache das auf mehreren Ebenen und fange mit der körperlichen Ebene an. Wir gehen jetzt in unseren Körper und spüren, was wir in unserem Körper vielleicht loswerden wollen. Zum Beispiel einen Schmerz, eine Krankheit, eine Verspannung, etwas, das sich bei uns noch nicht zu Hause oder angenommen fühlt. Wir gehen in diesen Schmerz oder in diese Krankheit und sagen: »Ja. Ich nehme dich jetzt zu mir.« Wir gehen hinein in dieses Organ oder in diese Krankheit oder in diesen Schmerz und spüren: Wohin blickt dieser Schmerz oder dieses Organ, auf welche Person? Dieser Schmerz oder diese Krankheit sagt zu dieser Person: »Ich liebe dich. Ich bringe dich in Erinnerung. Ich vertrete dich.« Wir schauen mit diesem Organ oder diesem Schmerz oder dieser Krankheit auf diese Person und sagen ihr: »Ich liebe dich auch. Jetzt nehme ich dich in mein Herz und meine Seele und in meinen Körper.« – Und wir spüren die Wirkung.

Dann, nachdem wir diese Person aus unserem System in unsere Seele aufgenommen haben, schauen wir auf der nächsten Ebene auf unseren Partner und seine Beschwerden. Wir schauen auf den Partner auf eine Weise, dass wir mit seiner Beschwerde auf die Person schauen, die in seiner Familie vergessen oder ausgeklammert wurde. Wir sagen gleichsam an seiner Stelle zu dieser Person: »Ich liebe dich. Ich nehme auch dich in mein Herz und in meine Seele.«

Hier müssen wir wissen: Manchmal vertritt mein Partner auch jemanden, der in meiner Familie ausgeklammert ist, und steht damit im Dienste meines Systems.

Dann gehen wir noch auf eine andere Ebene. Wir schauen auf unsere Kinder und fragen uns, wenn sie sich vielleicht seltsam verhalten oder wenn sie krank sind: Auf wen schauen sie in der Familie ihrer Eltern? Wen bringen sie in Erinnerung mit ihrem Verhalten oder mit ihrer Krankheit? Wir schauen mit ihnen auf diese Person und sagen ihr: »Ja, auch ich liebe dich jetzt. Auch ich gebe dir jetzt einen Platz in meiner Seele. Du darfst bei uns sein und bleiben.«

Liebe, die über uns hinausführt

Wenn wir lieben, schauen wir auf die Person, die wir lieben. Der Mann schaut auf die Frau, die Frau schaut auf den Mann. Die Eltern schauen auf die Kinder, die Kinder schauen auf die Eltern. Sie schauen sich in die Augen und sagen dann: »Ich liebe dich.« Der Mann sagt es der Frau, die Frau sagt es dem Mann, die Eltern sagen es den Kindern und die Kinder den Eltern.

Wie viel Kraft hat es, wenn ich sage: »Ich liebe dich.«? Wenn wir uns eine Skala vorstellen von 0 bis 100 und wir messen auf ihr die Kraft unserer Zusage »Ich liebe dich«, wo ist sie angesiedelt? Bei 100? Bei 80? Bei 60? Bei 40? Bei 30? Bei 20? Dieses Wort rührt uns zwar, aber hat es die Kraft, durchzuhalten bis zum Ende, mit allem, was es uns vielleicht abverlangt?

Wie gewinnt die Liebe ihre Kraft? Der Mann sagt der Frau, und die Frau sagt dem Mann, und die Eltern sagen dem Kind, und das Kind sagt den Eltern: »Ich liebe dich – und ich liebe das, was mich und dich führt.« Wie merken wir den Unterschied an Kraft? Jetzt schaue ich dem anderen nicht nur in die Augen. Ich sehe hinter ihm etwas anderes, die größere Kraft, die größere Wirkmacht. Ich verneige mich vor ihr. Wie immer der andere ist, diese Liebe, die mit einbezieht, was hinter ihm wirkt, hält durch. Was bedeutet das in der Praxis? Nehmen wir hier als Beispiel ein Paar. Der Mann und die Frau sagen sich gegenseitig: »Ich liebe dich – und ich liebe das, was mich und dich führt.« Dann gehen sie vielleicht eine Zeit lang auf dem gleichen Weg, vor allem wenn sie gemeinsame Kinder haben. Doch im Laufe der persönlichen Entwicklung spürt der eine, dass ihn etwas in eine andere Richtung führt, und der andere spürt das auch. Sie spüren, der eine oder beide werden von einer größeren Kraft geführt, vor der sie sich verneigen und von der sie sich leiten und tragen lassen müssen. Dann kann es sein, dass die Wege dieses Paares auseinander gehen. Sich dennoch gegenseitig zu sagen: »Ich liebe dich – und ich liebe das, was mich und dich führt«, verbindet sie auf einer tiefen Ebene, obwohl ihre Wege sich trennen. In dem Augenblick tritt etwas von der Fülle des Seins in ihre Liebe.

Wenn ich nur den Einzelnen sehe, zum Beispiel den Partner und mich, sehe ich immer nur einen Ausschnitt des Ganzen. Wenn ich den Weg sehe, den ich gehen muss, wenn ich meiner Seele folge und mir selber treu bleiben will und muss, und wenn ich den anderen sehe, wie er seiner Seele folgt und folgen muss, wenn er sich selber treu bleiben will, dann geht etwas von der früheren Innigkeit verloren. Aber die Kraft und die Fülle, die sie dann verbindet, sind ungleich größer.

Das Gleiche gilt für die Eltern, wenn sie auf einmal sehen, dass ein Kind sich nicht so entwickelt hat, wie sie sich das vorgestellt oder gewünscht haben. Wenn sie das Kind anschauen und ihm innerlich sagen: »Ich liebe dich – und ich liebe das, was dich und mich führt«, können sie sich zurücknehmen, und spüren dennoch, wie viel tiefer und größer ihre Liebe wurde als zuvor. Zugleich sind die Entwicklungsmöglichkeiten für das Kind ungleich größer geworden. Das ist die andere Liebe, die über uns hinausführt.

Das Gleiche gilt vom Kind zu den Eltern. Manche Kinder stellen sich vor, wie die Eltern sein müssen, und machen sich ein Idealbild von ihnen. Wenn sie sehen, dass ihre Eltern nicht so sind, wie sie es sich wünschen, werden sie ihnen vielleicht böse und sagen: »Das sind nicht die richtigen Eltern für mich.« Doch es kann niemals andere richtige Eltern für uns geben als die, die wir haben. Wenn aber ein solches Kind dem Vater und der Mutter innerlich sagt: »Ich liebe dich – und ich liebe das, was dich und mich führt«, kann es sich für seine Eltern öffnen, wie sie sind, und es kann sich der eigenen Seele öffnen und der eigenen Bestimmung, wie sie ist. Es kann sich von seinen Eltern trennen und bleibt ihnen dennoch in der Tiefe verbunden.

Diese andere Liebe ist die Grundlage der Achtung. Wenn ich einem Menschen begegne, mag er mir vielleicht sympathisch sein oder er mag mich abstoßen. Er mag mir Angst machen oder auch Freude, wie immer. Wenn ich ihm innerlich sage: »Ich liebe dich – genau so, wie du bist, ganz genau so, wie du bist – und ich liebe das, was dich führt: dein Schicksal, deine Bestimmung, deine Krankheit, dein frühes Ende – wenn es dir so bestimmt ist«, dann bin ich mit etwas Größerem im Einklang und der andere fühlt sich zutiefst von mir gewürdigt.

Das Gleiche gilt auch mir selbst gegenüber. Wenn ich mich anschaue und mich sehe, wie ich bin, mit allem, was zu mir gehört, dem Licht und dem Schatten, und ich dann sage: »Ja, ich liebe mich – und ich liebe das, was mich führt«, bin ich mit mir im Einklang. Ich achte mich, genau, wie ich bin, ohne den Wunsch, dass irgendetwas anders sein soll, als es ist.

Diese andere Liebe, diese weite Liebe, ist auch für einen Helfer grundlegend. Wenn ein Klient zu ihm kommt und er ihm innerlich sagt: »Ich liebe dich – und ich liebe das, was dich und mich führt«, dann ist er im Einklang mit dem Schicksal seines Klienten, wie es ist, und er ist im Einklang mit seiner Kraft, wie sie ist. Er ist im Einklang mit seinen Grenzen, wie sie sind, sodass er nicht mehr wünscht und tut als das, was ihm erlaubt ist von einer größeren Kraft. Denn was immer er dann tut, ist im Einklang mit der Seele des anderen und im Einklang mit seiner eigenen Seele. Es geht nie über diese Grenze hinaus.

Wenn wir diese Einsichten auf die Paarbeziehung anwenden, sehen wir: Wir heiraten den anderen nicht für sich allein. Unsere Beziehung zu ihm erfasst nicht nur ihn persönlich. Sie wird zugleich auch eine Beziehung zu seiner Familie und zu seinem Schicksal, zu seinen Grenzen und seinen Möglichkeiten, alles auf einmal. Was das für uns beinhaltet, zeigt sich erst langsam im Laufe dieser Beziehung. Wenn wir uns dem stellen, erfahren wir die Paarbeziehung auch als einen Sterbeprozess. Etwas Überflüssiges, etwas Vergangenes oder etwas Illusionäres fällt ab. Daher sind nach jedem Ehekrach beide Partner von einer Illusion gereinigt.

Erst langsam kommen in einer Beziehung die Verstrickungen hoch. Zum Beispiel, dass einer gehen will, weil er jemandem aus seiner Familie nachfolgen will oder weil er stellvertretend für jemanden aus seiner Familie weggehen will.

Dazu kommt noch, dass vielleicht auch die Kinder das sehen und in dieses Schicksal hineinverwoben werden und dass der Vater oder die Mutter nichts dagegen machen können. Hier bleibt uns nur die äußerste Demut, aus der heraus wir sagen: »Ich liebe dich – und ich liebe das, was mich und dich in besonderer Weise führt.«

Das ist die große Liebe und die starke Liebe. Sie beinhaltet auch, dass man nicht alles aushalten muss, als sei das allein das Richtige. Es gibt zum Beispiel einen Begriff der Treue im Sinne von: »Du musst *mir* treu sein«, oder: »Ich muss *dir* treu sein.« Nein, das muss ich nicht. Ich muss dem Größeren treu sein, das mich und dich führt.

Mit der Forderung nach der Treue nehmen wir den anderen manchmal gefangen und verpflichten ihn auf uns statt auf etwas Größeres. Doch eine Beziehung ist nur verlässlich, wenn das Größere im Blick bleibt. Sie ist verlässlich in der Tiefe, was immer auch kommt.

Die große Liebe

In einer Paarbeziehung kann der eine Partner vom anderen nicht verlangen, dass er sein Schicksal mit trägt, wenn ihm dieses Schicksal nicht zugemutet werden darf. Wenn sich zum Beispiel herausstellt, dass der eine keine Kinder haben kann und der andere gerne Kinder haben möchte, dann darf der, der keine Kinder haben kann, den anderen nicht festhalten. Sonst muss der andere ein fremdes Schicksal leben und nicht sein eigenes. Wenn das Paar aber schon 30 Jahre verheiratet war und einer von ihnen krank und pflegebedürftig wird, ist es etwas anderes. Dann tragen sie ein solches Schicksal gemeinsam. Aber auch das nur bis zu einer gewissen Grenze. Es gibt Situationen, wo auch dann die Beziehung zu Ende sein muss. Wenn zum Beispiel der eine in einen Mord verwickelt ist oder in ein anderes schweres Verbrechen, braucht der andere es nicht mit ihm zu tragen. Dann ist es gemäß, wenn er sich von ihm trennt. Der, der schuldig wurde, gewinnt dadurch an Größe. Wenn ihm der andere Partner sagt: »Ich trage es mit dir«, nimmt er ihm vielleicht seine Würde und macht ihn klein. Hier muss es Grenzen geben.

Es gibt zwei Bewegungen in einer Paarbeziehung. Die eine ist der Wunsch:»Liebe mich.« Die andere ist die Zusicherung:»Ich liebe dich.« In dieser Zusicherung »Ich liebe dich« sage ich:»Ich will alles, was für dich gut ist, auch wenn es beinhaltet, dass du einem anderen Schicksal folgst.« Das ist die große Liebe.

Natürlich ist es in einer Beziehung so, dass jeder den anderen braucht – und dies auch zum Ausdruck bringen darf – und dass sie sich gegenseitig gewähren, was der andere wünscht und braucht. Wenn dies aber so weit geht, dass der eine in den Lebensweg des anderen eingreift und ihn festhält mit dem Anspruch:»Jetzt gehörst du mir«, ist die Beziehung zu Ende. Dann bleibt die Liebe stehen und hört sogar auf.

Beispiel: Entlastung mit Liebe

HELLINGER *zu einer Helferin* Du hast einen Fall?

HELFERIN Es ist die Geschichte einer Familie mit drei Kindern. Die Mutter und der älteste Sohn sind anwesend im Publikum. Der Mann und Vater hatte vor acht Jahren einen Schlaganfall. Er ist seitdem in einem Zustand, dass er nicht richtig im Leben ist und auch nicht richtig gehen kann. Die Phantasie in der Familie ist bei allen: Wenn er doch nur gehen könnte. Inzwischen lebt ein neuer Lebenspartner mit im Haushalt.

HELLINGER Lebt der kranke Mann mit im Haus und wird er dort gepflegt?

HELFERIN Ja.

HELLINGER *zur Gruppe* Ich mache eine Wahrnehmungsübung mit euch.

Wenn der Wunsch in Erfüllung ginge und der Mann würde sterben, geht es der Familie dann besser oder schlechter? Hat sie mehr Kraft oder weniger? Hat sie mehr Liebe oder weniger?

nach einer Weile Jetzt überlegt, wie es ist mit dem neuen Lebenspartner. Wenn er nicht da wäre, ginge es der Familie besser oder schlechter? Hätte sie mehr Kraft oder weniger? Und wie geht es dem kranken Mann dadurch, dass er da ist? Geht es ihm besser oder schlechter? Ist er belastet oder entlastet?

Wenn wir unsere Urteile hinter uns lassen, können wir uns in dieser Situation, wie sie ist, vor allen verneigen und uns zurückziehen. Wir schauen auf alle mit Liebe.

zur Helferin Wie fühlst du dich, wenn ich das so sage?

HELFERIN Glücklich.

HELLINGER Genau. Da ist Größe in dieser Situation, wie sie ist. Das Leben darf weitergehen für alle. Dann geht es allen gut, auch dem kranken Mann.

Bindung und Freiheit

Was heißt in einer Paarbeziehung Freiheit? Freiheit heißt oft nicht mehr als: Ich bin leer. Denn alles, was erfüllt ist, ist gebunden.

Wenn ein Mann und eine Frau sich lieben und es kommt zum vollen Vollzug ihrer Liebe, haben sie ihre Freiheit verloren. Von da an sind sie aneinander gebunden. Sie können nicht mehr auseinander gehen ohne Schmerz, nicht ohne ein Gefühl von Schuld und Verlust. So ist das mit den Kräften des Lebens. Sie nehmen von uns Besitz. Wer meint, er könne sie lenken nach seinen Wünschen, wird vom Fluss des Lebens ans Ufer gespült und bleibt liegen.

Die Bindung zwischen Mann und Frau setzt sich fort und vertieft sich, wenn das Paar Kinder hat. Die Eltern sind an ihre Kinder ein Leben lang gebunden. Wie viele

Gedanken machen sich die Eltern doch um ihre Kinder? Wie viel Zeit und Liebe und Anstrengung sind damit verbunden? Das zeigt, wie sehr die Eltern für immer an ihre Kinder gebunden sind und gebunden bleiben.

Wenn jemand sagt, wie das vor einiger Zeit manchmal noch üblich war: »Ich verwirkliche mich selbst, und was mit meiner Familie geschieht, geht mich nichts an«, was ist für ihn noch übrig vom eigentlichen Leben? Er folgt einem Wunsch. Aber was bringt ihm dieser Wunsch am Ende? Ich beschreibe das mit einer Geschichte:

Ein Reicher, der viele Wünsche hatte und sie sich auch erfüllen konnte, starb. Er machte sich auf den Weg zum Himmel, klopfte an die Tür und bat um Einlass.

Petrus öffnete und fragte, was er wolle. Der Reiche, in gewohnter Weise, warf sich in die Brust und sagte: »Ich hätte gern ein Zimmer erster Klasse, mit schönem Ausblick auf die Erde, und dazu täglich meine Lieblingsspeise und die neueste Zeitung.«

Petrus wurde traurig. Er sah in ihm den Selbstverwirklicher. Doch dann gab er seinem Wunsche nach. Er führte ihn in ein Zimmer erster Klasse mit schöner Aussicht auf die Erde, brachte ihm seine Lieblingsspeise und die neueste Zeitung. Dann wandte er sich noch einmal um und sagte: »In 1000 Jahren komme ich wieder«, und schloss hinter sich die Tür.

Nach 1000 Jahren kam er wieder und schaute durch die Luke in der Tür. Als ihn der Reiche sah, schrie er: »Da bist du endlich. Dieser Himmel hier ist schrecklich!«

Petrus schüttelte den Kopf. »Du irrst dich,« sagte er, »hier ist die Hölle.«

So viel über die Freiheit.

Lösung durch Verzicht

HELLINGER *zu einer Frau* Man bleibt in einer Beziehung, auch wenn sie nicht ganz befriedigend ist, solange man sich auf gewisse Weise wohl fühlt und sie von Vorteil ist. Gleichzeitig stellen sich einige vor, wie es in einer anderen Beziehung sein könnte, allerdings ohne etwas in dieser Richtung zu unternehmen. Durch solche Vorstellungen hat man weder die Zukunft noch die Gegenwart. Wenn du die Zukunft willst, musst du dich trennen. Wenn du die Gegenwart willst, gebe diese Vorstellungen auf.

FRAU Ich möchte die Zukunft haben.

HELLINGER Okay, dann weißt du, was du zu tun hast. Aber jedes Neue ist nur möglich durch einen Verzicht. Du kannst deinen Mann nicht haben als einen, der dich versorgt, und dich gleichzeitig von ihm trennen wollen, um mit einem anderen Mann ein Kind zu haben. Auf einem Weg kommt man nur voran, indem man das Bisherige hinter sich lässt. Wer nur träumt, der bleibt stehen. Ich habe dir das Wesentliche gesagt.

FRAU Ich verstehe das, aber ich habe Angst vor der Einsamkeit. Ich bin elternlos. Das hier ist meine einzige Familie. Wenn ich mich von ihm trenne, werde ich ganz allein sein.

HELLINGER Genau, deswegen ist die beste Lösung, weiterzumachen wie bisher.

ORDNUNGEN

Ordnungen der Liebe

Liebe gibt es nur innerhalb einer bestimmten Ordnung. Liebe, die gelingt, gibt es nur innerhalb einer Ordnung. Wenn sich die Liebe dieser Ordnung fügt, kommt sie ans Ziel.

Zu den Ordnungen der Liebe zwischen Ebenbürtigen gehört als Erstes, dass wir den anderen als gleichwertig anerkennen. Wir treten ihm gegenüber wie jemand, der sowohl etwas geben kann und will, und auch wie einer, der etwas braucht und etwas nimmt. Diese Liebe ist demütig. Das heißt, sie gibt nicht mehr, als sie nimmt. Sie überhebt sich nicht über den anderen, als sei sie besser oder größer oder liebevoller. Sondern sie gibt innerhalb dieser Grenzen einem Menschen, der bedürftig ist, so viel, wie dieser nehmen kann, und sie nimmt von ihm, was dieser zu geben bereit und fähig ist. Das ist eine sehr gewöhnliche Liebe, und unter allen Formen der Liebe ist diese Liebe die größte.

Das ist also die eine Ordnung der Liebe. Ich anerkenne den anderen als ebenbürtig, als einen, der liebt und als einen, der, weil er liebt, auch gibt, und von dem ich genauso viel nehme, wie ich ihm geben kann und will.

Die blinde Liebe ist gerade darin blind, dass sie nicht sieht, wie der andere liebt. Das Kind, das Sehnsucht hat nach seinem Vater, der früh starb, fühlt seine eigene Trauer und seinen eigenen Schmerz. Es fühlt aber nicht die Trauer und den Schmerz des Vaters. Dem Vater ist es wahrscheinlich schwer gefallen, die Kinder zurückzulassen, als er starb.

Die Trauer des Kindes wird überwunden, wenn es nicht nur sich, sondern auch den Vater anschaut und sieht, wie er liebt. Dann kann es ihm vielleicht sagen: »Im Andenken an dich gebe ich weiter, was du mir geschenkt hast.«

Das also ist diese besondere Liebe, die auch den anderen in seiner Liebe erkennt. Sie bedrängt ihn nicht mit der eigenen Liebe, sondern anerkennt auch seine Liebe und nimmt von ihm, was er schenkt.

Wie lernt man die Liebe? Indem man Liebe nimmt.

Die Liebe folgt der Ordnung

Was ist größer und was ist wichtiger, die Liebe oder die Ordnung? Was kommt zuerst? Viele meinen, wenn sie nur genug lieben, kommt alles in Ordnung. Viele Eltern denken zum Beispiel, wenn sie ihre Kinder nur genug lieben, entwickeln sie sich so, wie sie sich das vorstellen. Doch oft werden die Eltern trotz ihrer Liebe enttäuscht. Die Liebe allein genügt offensichtlich nicht.

Die Liebe muss sich einfügen in eine Ordnung. Die Ordnung ist der Liebe vorgegeben. Das ist auch sonst so in der Natur: Ein Baum entwickelt sich nach einer inneren Ordnung. Man kann diese Ordnung nicht ändern. Nur innerhalb dieser Ordnung kann er sich entfalten. So ist es auch mit der Liebe und den mitmenschlichen Beziehungen: Sie können sich nur innerhalb einer Ordnung entfalten. Diese Ordnung ist vorgegeben. Wenn wir etwas über die Ordnungen der Liebe wissen, haben unsere Liebe und unsere Beziehungen mehr Möglichkeiten, sich voll zu entfalten.

Die erste Ordnung der Liebe in einer Paarbeziehung ist, dass Mann und Frau, obwohl verschieden, einander ebenbürtig sind. Wenn das von ihnen anerkannt wird, hat ihre Liebe eine größere Chance.

Die zweite Ordnung ist, dass Geben und Nehmen ausgeglichen sein müssen. Wenn der eine mehr geben muss als der andere, ist die Beziehung gestört. Sie braucht dieses Gleichgewicht. Wenn das Bedürfnis nach dem Ausgleich von Geben und Nehmen zusammengeht mit der Liebe, gibt jeder dem anderen, wenn er von ihm etwas bekommen hat, zum Ausgleich etwas mehr. Dadurch wächst der Austausch zwischen ihnen und mit ihm das gemeinsame Glück.

Dieses Bedürfnis nach Ausgleich besteht auch im Negativen. Wenn ein Partner dem anderen etwas antut, hat dieser das Bedürfnis, ihm auch etwas anzutun. Er fühlt sich verletzt. Deswegen glaubt er das Recht zu haben, den anderen auch zu verletzen. Dieses Bedürfnis ist unwiderstehlich.

Viele, die ein Unrecht erlitten haben, fühlen sich also im Recht, dem anderen ebenfalls etwas anzutun. Es kommt hier zum Bedürfnis nach Ausgleich noch etwas hinzu: das Gefühl, dass ich durch das Unrecht, das mir angetan wurde, besondere Rechte habe. Dann tut man dem anderen nicht nur das gleiche Böse an, das er einem angetan hat, sondern man tut ihm etwas mehr davon an. Weil er aber dem anderen noch etwas mehr des Bösen angetan hat, fühlt auch dieser sich im Recht, ihm wieder etwas Böses anzutun, und weil er sich im Recht fühlt, tut er ihm etwas mehr davon an. So steigert sich in einer Beziehung der Austausch im Bösen. Statt des Glücks wächst in einer solchen Beziehung das Unglück. Man kann die Qualität einer Beziehung daran erkennen, ob der Austausch von Geben und Nehmen sich hauptsächlich im Guten vollzieht oder im Bösen.

Die Frage ist: Was wäre hier die Lösung? Gibt es eine Lösung? Die Lösung wäre, vom Austausch im Bösen wieder zum Austausch im Guten zurückzukehren. Doch wie kann das gelingen?

Es gibt dafür ein Geheimnis: Man rächt sich am anderen mit Liebe. Das heißt, man tut ihm zwar auch etwas Böses an – aber ein bisschen weniger. Dann hört der Austausch im Bösen auf und beide können wieder mit dem guten Geben und Nehmen beginnen. Das ist eine wichtige Ordnung der Liebe. Wenn man sie kennt und danach handelt, kann man in Beziehungen vieles wieder zum Guten wenden.

Mutters Sohn und Vaters Tochter

Noch eine andere Ordnung der Liebe ist zu beachten, denn ihre Nichtbeachtung hat weit tragende Folgen.

Eine Frau, die meint, sie sei besser als ihre Mutter, hat keine Achtung für Männer. Sie versteht die Männer auch nicht und braucht sie im Grunde nicht. Denn wenn sie meint, sie sei besser als ihre Mutter, heißt das in der Regel: Ich bin für den Vater die bessere Frau. Dann hat sie bereits ihren Mann und braucht keinen anderen.

Wie wird ein Mädchen fähig, eine Frau zu werden und einen anderen Mann zu achten und zu haben? Wenn es sich neben ihre Mutter stellt – als die Kleinere.

Das gilt natürlich umgekehrt auch für die Männer: Ein Mann, der seinen Vater nicht achtet und meint, er sei seiner Mutter gegenüber besser als sein Vater, hat keine Achtung für Frauen. Er hat bereits eine Frau und braucht keine andere.

Wie wird er fähig, ein Mann zu werden und eine andere Frau zu achten und zu haben? Wenn er sich neben seinen Vater stellt – als der Kleinere.

Der Mann lernt also die Achtung für die Frau beim Vater, und die Frau lernt die Achtung für den Mann bei der Mutter.

Was geschieht, wenn ein Mann, der Mutters Sohn ist, eine Frau heiratet, die Vaters Tochter ist? Mutters Sohn ist nicht verlässlich für die Frau, und Vaters Tochter ist nicht verlässlich für den Mann. Sie haben wenig Achtung füreinander. Wenn es aber eine Beziehung zwischen Mutters Tochter und Vaters Sohn gibt, hat sie eine Chance.

Wenn der Mann unter den Männern seinen Platz hat, und wenn die Frau unter den Frauen ihren Platz hat, sind sie, wenn sie sich begegnen, keine Teenager mehr, sondern Mann und Frau. Das hat Kraft.

Deswegen muss zuerst in ihren Herkunftsfamilien in Ordnung gebracht werden, dass der Mann seinen Vater achtet und die Frau ihre Mutter.

Die Rangordnung in Beziehungen

Die Ursprungsordnung

Es gibt in Beziehungen eine Ordnung, die den früheren Mitgliedern einen Vorrang vor denen gibt, die später dazugekommen sind. Ich nenne diese Ordnung die Ursprungsordnung. Ein Paar ist in dieser Hinsicht auf der gleichen Ebene, denn die Partner beginnen ihre Beziehung zur gleichen Zeit. Das Gleiche gilt für die Eltern. Zwischen ihnen gibt es keinen Vorrang in diesem Sinne. Sie beginnen gemeinsam. Insofern sind auch sie hier gleichwertig.

Wenn sie Kinder haben, hat das erste Kind Vorrang vor dem zweiten, und das zweite hat Vorrang vor dem dritten. Nicht dass das erstgeborene dadurch eine Befehlsgewalt über die späteren Geschwister hat, aber nach der Rangordnung kommt es zuerst. Und natürlich haben die Eltern Vorrang vor den Kindern.

Es hat gute Wirkungen, wenn man die Ursprungsordnung beachtet, zum Beispiel in der Familie am Tisch. Stellen Sie sich vor, auf der einen Seite des Tisches sitzen die

Eltern, der Mann sitzt rechts von der Frau, die Frau sitzt links von ihm. Die Kinder sitzen ihnen gegenüber, gegenüber der Frau zuerst das erstgeborene, links von ihm das zweitgeborene usw. Die Rangordnung geht also im Uhrzeigersinn. Es kann aber auch so sein, dass das erstgeborene Kind links neben der Mutter sitzt, links von ihm das zweite Kind, das dritte usw. Wenn es am Tisch manchmal Konflikte gibt, hilft es dem Frieden, wenn man diese Ordnung einhält.

Die früheren Partner

Wenn in einer Familie der eine Partner oder beide vorher schon verheiratet waren oder eine wichtige Beziehung zu einem Partner hatten, haben die früheren Partner Vorrang vor den zweiten. Wenn das nicht anerkannt wird, wenn zum Beispiel die früheren Partner herabgesetzt und ausgeklammert oder gar verstoßen werden, werden sie später in der Familie von einem Kind vertreten. Zum Beispiel zeigt dann dieses Kind die Gefühle des früheren Partners und verhält sich entsprechend. Doch dieses Kind erhebt sich, obwohl es gar nichts dafür kann und ihm der ganze Vorgang überhaupt nicht bewusst ist, durch diese Stellvertretung über seinen Vater oder seine Mutter – und scheitert.

Wenn eine Tochter die frühere Frau ihres Vaters vertreten muss, verhält sie sich plötzlich wie diese Frau. Sie wird zum Beispiel auf den Vater böse oder verhält sich als die bessere Frau. Dann gibt es eine Vater-Tochter-Beziehung, die eher einer Paarbeziehung ähnelt.

Wenn aber die frühere Frau angeschaut und geachtet wird, sodass sie in diese Familie im Herzen wieder aufgenommen wird, braucht die Tochter sie nicht mehr vertreten. Dann ist die Ursprungsordnung wiederhergestellt.

Manchmal wird diese Ordnung auf den Kopf gestellt. Wenn ein Kind etwas für seinen Vater oder seine Mutter auf sich nimmt, erhebt es sich über sie, zum Beispiel wenn es für sie eine Schuld auf sich nimmt. Das verstößt gegen die Ursprungsordnung.

Alle Verstöße gegen die Ursprungsordnung scheitern. Alle großen Tragödien laufen alle nach dem gleichen Muster ab, seien es nun die griechischen Tragödien oder Shakespeares Tragödien oder Familientragödien. Dabei gibt es in der Seele zwei Bewegungen, die sich entgegenstehen. Wenn zum Beispiel ein Sohn etwas für seinen Vater übernimmt, hat er ein gutes Gewissen. Er fühlt, dass er seinen Vater liebt und dass er unschuldig ist. Gleichzeitig verstößt er gegen die Ursprungsordnung. Sie ist eine unbewusste Ordnung, sie kommt aus einem anderen, einem kollektiven Gewissen. Während er also guten Gewissens etwas für seinen Vater auf sich nimmt, verstößt er trotz seines guten Gewissens oder gerade wegen seines guten Gewissens gegen eine andere Ordnung. Deswegen scheitert er. Denn dieses andere Gewissen bestraft den Verstoß mit Scheitern und Tod. Deswegen enden die großen Tragödien mit dem Tod von denen, die meinten, es gutzumachen.

Die Helden in den Tragödien sind alle Kinder. In ihrer Seele sind sie Kinder. Sie wollen für jemanden in der Familie etwas gutmachen. Zum Beispiel wollen sie ihn retten. Aber sie haben kein Recht dazu. Deswegen scheitern sie. Dieses unbewusste Gewissen wird in den Tragödien durch die Götter vertreten. Sie setzen die Ursprungsordnung durch. Das zeigt, dass diese Ordnung größer ist als die Ordnung des guten Gewissens.

Die Rangordnung in gemischten Familien

Die Frage ist nun: Was ist die rechte Ordnung in Familien, die zusammengesetzt sind? Zum Beispiel wenn beide Eltern schon vorher verheiratet waren und Kinder aus den früheren Beziehungen und auch gemeinsame Kinder haben. Dann sind plötzlich die Kinder aus den früheren Beziehungen mit den Kindern zusammen, die aus der jetzigen Beziehung stammen. Was ist da die Ordnung? Wer kommt hier zuerst?

Wer kommt in diesem System für den Mann zuerst, die Frau oder seine Kinder? Wer kommt in diesem System für die Frau zuerst, der Mann oder ihre Kinder? Die Kinder des Mannes und der Frau waren in diesem System vor dem neuen Partner da. Sie haben in gewisser Weise Vorrang vor den Partnern. Als Partner sind die Eltern natürlich einzigartig. Die Kinder können und dürfen sich nicht in die Paarbeziehung einmischen. Aber im Herzen haben für den Mann seine Kinder aus der ersten Beziehung Vorrang vor seiner zweiten Frau. Das Gleiche gilt für die Frau mit Bezug auf ihre Kinder aus der ersten Ehe. Wenn der Mann sich um seine Kinder kümmert und die Frau sagt ihm: »Ich komme zuerst, dann erst kommen deine Kinder«, führt das zu Konflikten. Die Frau muss anerkennen, dass für den Mann seine Kinder zuerst kommen. Sie haben in dieser Hinsicht einen Vorrang vor der Frau. Wenn sie das anerkennt, kann sich der Mann leichter auch ihr zuwenden. Das gilt natürlich umgekehrt auch von der Frau zum Mann.

Der Mann muss also der Frau gegenüber anerkennen: »Für dich kommen deine Kinder zuerst. Du bist allein für sie verantwortlich, nicht ich. Ich kümmere mich nicht darum.« Und er sagt ihren Kindern: »Ich bin nur der Mann eurer Mutter. Für euch bleiben eure Mutter und euer Vater verantwortlich.« Der Vater der Kinder wird hier nicht ausgeklammert. Insofern können die Kinder in Beziehung bleiben zu ihrer Mutter und zu ihrem Vater. Der neue Partner braucht sich keine Sorgen um sie zu machen. Man darf daher von ihm auch nicht verlangen, dass er sich um diese Kinder kümmert. Er macht es vielleicht aus Liebe, aber er braucht es nicht zu tun. Also in dieser Hinsicht kommen die Kinder aus der früheren Beziehung von der Rangordnung her zuerst.

Auch ein Kind aus der neuen Beziehung muss anerkennen, dass die Kinder aus der früheren Beziehung seiner Eltern zuerst kommen. Es kommt also erst an zweiter Stelle oder an dritter, was immer die Situation in Wirklichkeit ist. Das also wäre die Ordnung, die man hier im Blick haben muss. Wenn man sie im Blick hat, haben alle ihren Platz. Dann gelingt auch eine solche Beziehung.

Die Rangordnung zwischen der früheren und der späteren Familie

Nun gibt es noch eine andere Rangordnung, die Rangordnung zwischen den Familien. Hier ist es umgekehrt. Die neue Familie hat Vorrang vor der früheren. Wenn jemand heiratet, gründet er eine neue Familie. Diese neue Familie hat Vorrang vor seiner Herkunftsfamilie. Deswegen gelingt die neue Beziehung nur, wenn beide Partner sich von ihrer Herkunftsfamilie trennen. Wenn der Mann der Frau sagt: »Meine Eltern kommen zuerst«, oder wenn die Frau zu ihm sagt: »Meine Eltern kommen zuerst«, ist die Beziehung beeinträchtigt. In der Bibel heißt es: »Der Mann verlässt Vater und Mutter und hängt seiner Frau an.« Das gilt natürlich gleichermaßen auch für die Frau. Also, die neue Familie hat Vorrang vor der früheren.

Wenn in einer Beziehung der Mann von einer anderen Frau ein Kind erwartet, beginnt eine neue Familie. Diese neue Familie hat Vorrang vor der früheren. Der Mann muss sich also von seiner ersten Frau trennen und der neuen Frau anhängen. Die erste Frau und die Kinder aus der ersten Ehe bezahlen dafür einen hohen Preis. Doch jede andere Lösung ist von der Wirkung her schlimmer. Natürlich bleibt der Mann verantwortlich für seine erste Frau und für ihre gemeinsamen Kinder. Aber sie dürfen nicht erwarten, dass er die zweite Frau verlässt und zurückkommt.

Wenn sich jemand von seiner Familie trennt, nur weil er einen neuen Partner findet, ist das noch nicht eine neue Familie, die Vorrang vor der früheren hätte. Doch sobald es aus dieser Verbindung ein Kind gibt, ist es eine neue Familie.

Wenn man um diese Ordnungen weiß, kann man viele Probleme leichter lösen.

Andere Ordnungen zwischen Mann und Frau

Mann und Frau sind in einer Paarbeziehung von der Ursprungsordnung her gleichwertig. Aber bei Familienaufstellungen zeigt sich oft, dass der Mann zuerst kommt. Nicht weil er besser ist, sondern von seiner Funktion her, wenn die Familie von ihm abhängt. Wenn er zum Beispiel arbeitet und die Frau zu Hause bleibt, kommt der Mann von der Funktion her zuerst. Denn er sorgt für den Unterhalt der Familie. Wenn die Frau arbeitet und der Mann zu Hause bleibt, kommt die Frau zuerst. In dieser Hinsicht ändert sich heutzutage vieles. Dann sind sie auch auf diese Weise ebenbürtig.

Zu Hause regiert in der Regel die Frau. Nicht weil sie besser ist. Sie hat eine andere Kraft. Sie hält die Familie zusammen. Die Frauen sind näher am Wesentlichen, dem, worauf es im Augenblick ankommt. Sie verstehen das Wesentliche besser. Sie sind auch beim Wesentlichen zuerst zur Stelle. Das muss man anerkennen.

Wenn der Mann in einer Aufstellung rechts von der Frau steht, dann verlässt sich die Frau auf den Mann. Wenn der Mann links von der Frau steht, fühlt er sich nicht auf die gleiche Weise verantwortlich, als wenn er rechts steht. Es hat eine Wirkung in der Seele. Doch es kann aus anderen Gründen von Fall zu Fall verschieden sein. Der Mann, der rechts steht, der bleibt. Der Mann, der links steht, der geht. Das ist jetzt harsch gesagt. Es zeigt nur, was in der Seele vielleicht vor sich geht.

Die Aufstellungen zeigen, was in Wirklichkeit in der Familie vor sich geht. Daher muss sich erst in der Familie etwas ändern, bevor sich auch eine Aufstellung ändert.

Wer gehört zur Familie?

Um diese Ordnungen und Unordnungen zu verstehen, muss man natürlich wissen, wer zur Familie in diesem Sinne gehört. Wer wird von diesen Kräften und von diesem unbewussten Gewissen mit erfasst?

In einer Familie gehören die Kinder dazu. Alle Kinder, auch die toten, die tot geborenen Kinder, die abgetriebenen Kinder. Sie gehören alle dazu.

Über ihnen, auf der nächsthöheren Ebene, gehören die Eltern und ihre Geschwister dazu, also die Onkel und die Tanten. Aber nur die leiblichen Geschwister, nicht deren Partner und Kinder.

Auf der nächsthöheren Ebene gehören die Großeltern dazu, aber nicht ihre Brüder oder Schwestern. Nur die Großeltern.

Hinter ihnen gehört manchmal noch der eine oder andere der Urgroßeltern dazu.

Das sind die Blutsverwandten. Es gehören zu dieser Familie aber auch solche dazu, die nicht blutsverwandt sind. Es sind in erster Linie alle, die für jemand in der Familie Platz gemacht haben. Zum Beispiel haben frühere Partner Platz gemacht für die späteren. Sie haben auch Platz gemacht für die Kinder aus einer späteren Beziehung. Sie gehören also dazu. Dass sie dazugehören, kann man daran sehen, dass sie später von Kindern aus der nächsten Beziehung vertreten werden.

Es gehören auch alle dazu, auf deren Kosten jemand in der Familie einen Vorteil hatte. Zum Beispiel wenn jemand früh starb und andere ihn deshalb beerben konnten. Die Erben haben einen Vorteil durch den Tod dessen, der früh starb. Daher gehört er dazu. Er muss als dazugehörig geachtet werden. Sonst wird auch er später von einem Kind vertreten.

In vielen reichen Familien kann man sehen, dass ihr Reichtum manchmal auf Kosten anderer erworben wurde. Zum Beispiel durch Sklaven. Diese gehören daher dazu und werden später von jemandem aus der Familie vertreten.

Die größere Liebe

Ist die Liebe nicht wunderbar? Manchmal. Denn es gibt auch eine blinde Liebe. Ein kleines Kind liebt seine Eltern über alles. Aus Liebe zu seinen Eltern tut es alles für sie. Es opfert dieser Liebe sogar seine Unschuld, seine Gesundheit, sein Leben. Wir können beim Familien-Stellen sehen, dass ein Kind manchmal bereit ist, zu leiden und sogar zu sterben, damit es seinen Eltern besser geht. Denn das Kind hat ein inneres Bild, ein magisches Bild. Nach diesem Bild glaubt es: »Wenn ich leide, hilft es meinen Eltern.« Es glaubt, wenn seine Mutter krank ist und es wird an ihrer Stelle krank, wird sie vielleicht geheilt. Es glaubt sogar: »Wenn meine Mutter sterben will und ich sterbe an ihrer Stelle, bleibt sie am Leben.« Das ist eine Liebe, die blind ist. Aber sie ist sehr tief.

Leider hilft sie nicht. Wenn das Kind aus Liebe krank wird, bleibt auch die Mutter krank, und wenn das Kind aus Liebe stirbt, stirbt die Mutter trotzdem. So wenigstens kann man es häufig sehen.

Manchmal wartet aber einer der Eltern darauf, dass ein anderer für ihn stirbt. Ein Täter wartet manchmal darauf, dass ein Kind für ihn sühnt und stirbt. Wenn das Kind es für ihn macht, fühlt er sich besser. Auch das ist magisches Denken.

So etwas gibt es. Doch weil der Täter selbst sich seiner Schuld nicht stellt, wiederholt sich das Ungelöste in der nächsten Generation. Ein anderer wird vielleicht ein Täter und sucht wieder jemanden, der für ihn sühnt. Er selbst sühnt nicht, weil ein anderer sühnt. Aber ist das Liebe? Wem hilft sie wirklich?

Dieser Liebe fehlt vor allem eines: die Achtung vor etwas Größerem. Wenn ein Kind sieht, dass seine Mutter krank ist, und es sich vor dem Schicksal seiner Mutter verneigt, wenn es darüber weint und dennoch das Leiden der Mutter achtet, bleibt es klein und die Mutter groß. Umgekehrt, wenn das Kind denkt: »Wenn ich krank werde, wird meine Mutter gesund«, dann ist in diesem Bild das Kind groß und die Mutter klein. Damit ist die Ordnung auf den Kopf gestellt.

Wir dürfen das nicht leicht nehmen. Die Vorstellung, dass es anderen gut geht, wenn einer stirbt, wird sogar auf Gott übertragen. Zum Beispiel, dass Gott will, dass sein eigener Sohn geschlachtet wird, damit es anderen gut geht. Hier übertragen wir auf Gott ein Gefühl, das wir haben,

46

und wir übertragen auf ihn die magische Vorstellung, dass wir durch Leiden jemanden erlösen können.

Daher ist die wahre Liebe immer stark. Sie kann dem Leid ins Auge blicken. Sie kann auch dem Tod ins Auge blicken. Sie bleibt auf einer Ebene, wo Größeres wirken darf, weil es geachtet wird. Wo auch ein größerer Gott wirken darf, vor dem wir uns verneigen, ohne dass wir meinen, wir könnten ihn durch eigenes Leid oder gar durch unseren Tod zu etwas zwingen, das anderen hilft.

Liebe, die krank macht, und Liebe, die heilt

Ein Kind weiß genau, was es tun muss, damit es in der Familie geliebt wird, und was es vermeiden muss, damit es die Liebe seiner Familie nicht verliert. Wo immer wir uns bewegen und mit anderen Menschen zusammen sind, spüren wir instinktiv, was wir tun müssen, damit wir dazugehören dürfen, und was wir vermeiden müssen, damit wir unsere Zugehörigkeit nicht verlieren. Den Sinn, mit dem wir das unmittelbar wahrnehmen, nennen wir Gewissen.

Wenn wir tun, was eine Beziehung für uns sichert, fühlen wir uns unschuldig und haben ein gutes Gewissen. Wenn wir etwas tun, was eine Beziehung gefährdet, fühlen wir uns schuldig und haben ein schlechtes Gewissen. Wenn uns eine Beziehung wichtig ist, ändern wir unser Verhalten auf eine Weise, dass wir uns sicher sein können, wir dürfen wieder dazugehören.

Ein Kind ist an seine Familie mit einer tiefen Liebe gebunden. Diese Liebe ist so groß, dass ein Kind alles tut, damit es dazugehören darf. Aus dieser Liebe und aus dem Bedürfnis, dazuzugehören, ist ein Kind bereit, auch Schweres auf sich zu nehmen und sogar zu sterben, wenn es meint, dass es damit seiner Familie dient.

Wenn zum Beispiel die Mutter schwer krank ist, und das Kind hat Angst, dass die Mutter stirbt, meint es manchmal: »Wenn ich sterbe, bleibt die Mutter am Leben.« Dann führt diese Liebe dazu, dass ein Kind krank wird und dass es wirklich stirbt. Das wäre eine Liebe, die krank macht.

Die Vorstellung, dass man durch eigenes Leid einen anderen erlösen kann, ist magisch. Man meint also, dass man das Schicksal eines anderen Menschen in der Hand hat und dass man es wenden kann, wenn man an seiner Stelle leidet. Viele Krankheiten und viel Unglück in einer Familie kommen aus dieser Vorstellung.

Die Frage ist nun: Wie kann man jemandem, der auf diese magische Weise liebt, helfen, dass die gleiche Liebe, die ihn krank macht, sich wandelt in eine Liebe, die heilt? Hier hilft ihm die Einsicht, dass jedes Leiden aus magischer Liebe umsonst ist, und die Einsicht, dass sein Gewissen, das diese Liebe unterstützt, ihn in dieser Hinsicht in die Irre führt. Wenn also seine blinde Liebe sehend wird und er statt mit gutem Gewissen zu leiden und sein Leben zu verlieren trotz schlechten Gewissens dem zustimmt, was ihn am Leben erhält und ihm dient.

Viele haben die Vorstellung, wenn sie nur genug lieben, dann muss ihnen etwas gelingen. Sie meinen, ihre Liebe habe die Macht, einen anderen zu verändern. Daher haben viele Eltern die Vorstellung, wenn sie ihre Kinder nur genügend lieben, werden sie so, wie sie sie haben wollen. Aber dem ist nicht so. Es ist eine der schmerzlichsten Erfahrungen überhaupt, dass wir sehen müssen, dass die Liebe ohnmächtig ist. Auch ein Kind erfährt das, wenn es meint, es könne jemanden mit seiner Liebe retten. Auch Lehrer und Helfer erleben das. Sie sagen sich manchmal: »Jetzt habe ich mir solche Mühe mit jemandem gegeben, und er wird nicht so, wie ich mir das vorstelle.«

Was sage ich dazu? »Gott sei Dank!« Jeder entfaltet sich nach einem eigenen inneren Gesetz. Jeder hat sein eigenes Schicksal und hat durch sein Schicksal eine besondere Kraft.

Liebe, die bindet, und Liebe, die löst

Wenn sich ein Mann und eine Frau begegnen, merkt der Mann, dass ihm etwas fehlt, und die Frau merkt, dass ihr etwas fehlt. Was ist schließlich ein Mann ohne eine Frau, und was ist eine Frau ohne einen Mann? Der Mann ist bezogen auf eine Frau, und die Frau ist bezogen auf einen Mann. Indem sie sich verbinden, bekommt jeder das, was ihm fehlt. Der Mann bekommt die Frau, und die Frau bekommt den Mann. Für den Mann zuzugeben, dass ihm die Frau fehlt, und für die Frau zuzugeben, dass ihr der Mann fehlt, ist demütig. Das fällt nicht leicht. Jeder anerkennt dabei seine Grenzen.

Manche wollen diesem Eingeständnis entfliehen, zum Beispiel dadurch, dass der Mann versucht, in sich das Weibliche zu entwickeln, und die Frau versucht, in sich das Männliche zu entwickeln. Denn dann braucht der Mann keine Frau mehr und die Frau braucht keinen Mann mehr. Dann können sie ohne den anderen sein.

Eine Paarbeziehung gelingt, wenn beide, der Mann und die Frau, zugeben, dass ihnen der andere fehlt, dass sie den anderen zu ihrer Vervollkommnung brauchen. Wenn sie sich gegenseitig schenken, was dem anderen fehlt, werden sie vollkommen und ganz.

Die Liebe von Mann und Frau findet ihre Erfüllung im sexuellen Vollzug. Der sexuelle Vollzug ist das, worauf die Paarbeziehung hinsteuert. Er ist der tiefste Lebensvollzug und jedem anderen, auch dem geistigsten Vollzug, bei weitem überlegen. Durch ihn sind wir im Einklang mit dem Wesentlichen der Welt. Denn was nimmt uns mehr für das Wesentliche des Lebens in die Pflicht und an was wachsen wir mehr als an diesem Vollzug und seinen Folgen?

Noch etwas ist mit diesem Vollzug verbunden. Durch den sexuellen Vollzug entsteht eine Bindung. Nach ihm kommt das Paar nicht mehr voneinander los. Daher kann man mit diesem Vollzug nicht umgehen, als sei er etwas Beliebiges. Er hat weit tragende Folgen.

Was Bindung bedeutet und wie tief sie geht, können wir ablesen am Schmerz und dem Gefühl der Schuld und des Versagens, die ein Paar bei einer Trennung erfahren. Man kann sich nicht trennen, ohne dass man diese Bindung fühlt und anerkennt.

Wie sich das auf die späteren Beziehungen auswirkt, kann man daran ablesen, dass ein Kind aus einer zweiten Beziehung den Partner aus der ersten Beziehung vertritt. Es hat die Gefühle dieses Partners und bringt sie den Eltern gegenüber zum Ausdruck. Man kann mit früheren Beziehungen nicht spielen. Sie wirken weiter.

Auch können wir beobachten: Wenn ein Paar sich trennt und sich die Partner mit anderen Partnern verbinden und wieder trennen, dann sind bei der zweiten Trennung der Schmerz und das Gefühl der Schuld geringer als bei der ersten Trennung. Bei einer dritten Trennung sind der Schmerz und das Gefühl der Schuld noch geringer, und nach einiger Zeit spielen sie keine Rolle mehr. Auch trauen sich in der Regel die Partner in einer späteren Verbindung den neuen Partner nicht auf die gleiche innige Weise zu nehmen wie den ersten.

Es gibt für sie eine gute Lösung, wenn sie bei einer Trennung den früheren Partner weiterhin achten und lieben. Das gelingt nicht immer beiden Partnern zugleich. Dann bleibt für beide etwas Schmerzliches zurück.

Frühere Partner oder Kinder werden
später vertreten

Frühere Beziehungen wirken in die gegenwärtige Beziehung herein. Das muss man wissen. Gerade hier sehen wir oft ein Beispiel von Ausschluss. Wenn die frühere Beziehung anerkannt wird, und auch die Liebe anerkannt wird, die einmal da war, hat die neue Beziehung eine größere Chance.

Das Kind aus der zweiten Beziehung vertritt in der Regel den früheren Partner. Wenn es in der früheren Beziehung eine Abtreibung gab, wird dieses Kind auch von einem Kind aus der späteren Beziehung vertreten. Dieses Kind kann nichts dagegen machen. Es ist dem ausgeliefert. Etwas machen können nur die Eltern.

LÖSUNGEN

Sühne und Ausgleich

Wenn in einer Paarbeziehung sich jemand schuldig fühlt, zum Beispiel wegen einer Abtreibung, dann reagieren der schuldige Mann oder die schuldige Frau oft mit einer seltsamen Vorstellung. Sie wollen dafür sühnen. Darüber möchte ich etwas sagen, weil es für die Art und Weise, wie wir mit unserem Leben umgehen, eine wichtige Rolle spielt.

Es gibt in allen Beziehungen ein tiefes Bedürfnis nach Ausgleich, nach dem Ausgleich zwischen Gewinn und Verlust. Dieses Bedürfnis ist die Grundlage jeder guten Beziehung.

Wenn der eine Partner dem anderen etwas gibt, dann möchte der andere ihm zum Ausgleich auch etwas geben. Weil er ihn liebt, gibt er ihm ein bisschen mehr. So ist das gewöhnlich, wenn Menschen sich lieben. Der andere will ebenfalls ausgleichen, und weil er liebt, gibt er auch ein bisschen mehr. Damit wächst der Austausch in einer Beziehung. Das ist die Grundlage einer guten Beziehung: »Ich gebe dir mit Liebe und ich nehme von dir mit Liebe; dann gebe ich dir wieder mit Liebe und nehme von dir mit Liebe.« Das ist die Grundlage einer erfüllten Paarbeziehung.

Das gleiche Bedürfnis zeigt sich auch, wenn der eine dem anderen etwas antut. Also wenn der Mann etwas sagt, was der Frau wehtut, zum Beispiel: »Du bist genau wie deine Mutter.« Das ist schlimm, denn damit will er sowohl die Frau wie ihre Mutter herabsetzen. Das sind Worte, die verletzen. Oder wenn jemand sagt: »Vielleicht hätte ich doch jemand anderen heiraten sollen.« Ist das nicht schlimm? Aber manche sagen das. So etwas verletzt ganz tief. Dann hat der, der verletzt ist, ein Bedürfnis auszugleichen. Er verletzt den anderen auch. Merkwürdigerweise oft ein bisschen mehr. Er geht also über den Ausgleich hinaus.

Dahinter wirkt noch eine ganz andere Vorstellung. Das, was uns wehtut, wollen wir loswerden. Eine Krankheit zum Beispiel wollen wir loswerden. Wenn uns jemand verletzt hat, wollen wir ihn vielleicht auch loswerden. Deswegen verletzen wir ihn mehr, als er uns. Die Wut, die sich dabei manchmal zeigt, ist sogar Ausdruck eines Vernichtungswillens. Aber nicht weil die Menschen in diesem Sinne böse sind. Das sind tiefe seelische Bewegungen. Sie haben mit unserem Leben und Überleben zu tun. Was uns bedroht, wollen wir vernichten. Deswegen mache ich auch keinem einen Vorwurf. Aber man muss wissen, dass es so etwas gibt.

Wenn jemand den anderen auf eine Weise verletzt hat, die nicht wieder gutzumachen ist, gleicht er manchmal aus, indem er es sich genauso schlecht gehen lässt, wie es dem Partner ergangen ist. Mit Bezug auf eine Abtreibung zum Beispiel will jemand auch ausgleichen, manchmal sogar, indem er sterben will. Dann fühlt er sich besser, weil er ausgeglichen hat. Das nennt man Sühne.

Sühne ist ein Versuch des Ausgleichs durch gleiches Leid und gleiches Schicksal. Nur, wer sühnt, auf wen schaut er? Schaut er zum Beispiel auf das abgetriebene Kind, oder schaut er auf sich? Bei der Sühne macht man die Augen zu. Man schaut den anderen, dem man wehgetan oder geschadet hat, nicht an. Man schaut nur auf sich. Der andere wird allein gelassen, er wird nicht angeschaut. Die Sühne steht der Liebe im Wege.

Abtreibung

Bei der Liebe wäre in so einer Situation die Bewegung eine völlig andere. Zum Beispiel sagt die Mutter einem abgetriebenen Kind: »Ich habe dich umgebracht.« Das ist die Wahrheit. Auf einmal wird es ernst. »Ich wollte dich loswerden.« Danach schaut sie das Kind an. Sie sieht das Kind und sagt ihm: »Du bist mein Kind, und ich bin deine Mutter. Ich weiß, was ich getan habe, und stimme den Folgen zu.«

Das bringt aber noch keine Entlastung. Was kann man dann wirklich machen? Kann man auf dieser Ebene überhaupt etwas machen? Nein. Man kann es nicht. Dennoch, wenn die Mutter das Kind zuerst so anschaut, schaut sie danach über das Kind hinaus auf das Schicksal ihres Kindes und übergibt es seinem Schicksal mit Liebe. Und sie schaut auf ihr eigenes Schicksal und sagt: »Ja, ich stimme meinem Schicksal zu und den Folgen für das, was ich getan habe.« Sie verneigt sich vor dem Schicksal und schaut dann noch weiter auch über das Schicksal hinaus. Auf einmal kommen alle, das Kind und die Mutter, in Einklang mit etwas Größerem, wo andere Gesetze wirken jenseits von Ausgleich. Vor diesen großen Kräften, wie immer wir sie nennen wollen, geht keiner verloren, auch nicht ein abgetriebenes Kind. Alle sind in diesem Großen zu Hause.

In diesem Feld sind alle gleich. Deswegen ist ein abgetriebenes Kind nicht weg. Es ist da. Und es wirkt. Wenn zum Beispiel ein Sohn aus der späteren Beziehung auf das abgetriebene Kind seines Vaters schaut und diesem Kind sagt: »In meinem Herzen hast du einen Platz«, dann geht von diesem abgetriebenen Kind eine Bewegung des Segens aus für den Sohn. Weil das Kind hereingenommen wird in diesen großen Zusammenhang, wirkt es Segen. Was sagt man dann? Dann sagt der Sohn diesem Kind zuerst: »Bitte«, und dann: »Danke.« Und die Eltern sagen dem Kind: »Jetzt hast du einen Platz in unserem Herzen.«

Jetzt gibt es eine völlig andere Bewegung von Liebe, viel tiefer.

Rache mit Liebe

Ich will noch mal zurückkehren zum Ausgleich. Wenn einer in der Partnerschaft oder sonst wo den anderen verletzt hat und der andere will ausgleichen, dann gibt es eine Rache mit Liebe. Ja, man kann sich rächen mit Liebe. Ganz ohne Ausgleich geht es nicht. Man muss dem anderen auch etwas antun. Denn er wartet darauf, sonst fängt er an zu sühnen. Also, ich muss ihm die Sühne abnehmen, indem ich ihm etwas antue, so richtig etwas antue. Aber – ein bisschen weniger. Das ist die Liebe in der Rache, ein bisschen weniger. Dann schüttelt der andere vielleicht den Kopf und fragt sich: »Was ist jetzt passiert?« Er schaut seinen Partner an und sagt: »Danke.« Danach geht das Gute wieder von vorn los.

Der Ernst

Nach der Aufstellung mit einem Paar, die ohne Lösung blieb:

Manche von uns sind vielleicht versucht zu sagen: »Schade.« Nun prüft in eurer Seele nach, was mit uns passiert, wenn wir sagen: »Schade.« Was passiert mit unserer Kraft? Spürt ihr, wie ihr sie verliert? Und wenn wir sagen würden: »Da muss man doch noch etwas machen«, und wir würden uns überlegen, was man noch machen könnte oder sollte, was passiert mit dem Paar? Ist es geachtet? Gewinnt es durch unsere Sorge an Kraft? Oder machen wir den beiden etwas vor und versprechen ihnen vielleicht ein Zimmer erster Klasse? Und wo endet das?

Hier kam alles darauf an, dass etwas, was bisher nicht angeschaut wurde, in den Blick kam. Damit kommt das Paar in Kontakt mit der Wirklichkeit, wie sie ist. Diese Wirklichkeit ist fordernd. Gleichzeitig gewinnen sie durch das ans Licht Gebrachte Kraft, und ich kann mich zurückziehen. Denn ihre Seele weiß, was zu tun ist. Daher können sie auch nicht mehr weitermachen wie bisher. Jetzt wird es ernst.

Wo gelingt die Liebe? Dort, wo es ernst wird. Alles andere ist nur ein Vorspiel. Wo es ernst wird, hat die Liebe Folgen.

Die Hinbewegung

Sehr oft erleben wir, dass die Liebe nicht gelingt. An was liegt es, wenn sie nicht gelingt? Wenn es eine Trennung gibt, wenn wir von einer Beziehung abgeschnitten sind, wenn wir jemanden verlieren, den wir brauchen oder lieben, wird der Fluss der Liebe unterbrochen. Sie kann nicht mehr ans Ziel kommen.

Alle wesentlichen Probleme in unserem Leben hängen mit einer Trennung zusammen, mit einer unterbrochenen Hinbewegung zu jemand, der uns wichtig ist, mit einem Verlust. Die erste, die wesentliche Bewegung hin zu jemand, der uns wichtig ist, ist die Bewegung zur Mutter und zum Vater. Wo diese Bewegung gelungen ist, sind wir glücklich und für das Leben gerüstet.

Was steht dem entgegen?

Der Fluss des Lebens

Ich schlage eine kleine Übung vor, in der wir in diese Bewegung hineingehen können und sie dort, wo sie unterbrochen war, vielleicht ans Ziel bringen.

Wir machen die Augen zu und sammeln uns in unserer Mitte. – Wir sehen uns als Kind vor unserer Mutter und vor unserem Vater. – Wir schauen sie an mit all der Andacht, mit der kleine Kinder auf ihre Eltern schauen – mit großen Augen und unglaublich tiefer Liebe. Die größte Hingabe, die wir je erlebt haben, war dieser Blick auf unsere Mutter und auf unseren Vater. – Vielleicht ist später etwas dazwischengekommen, aber jetzt gehen wir zurück in diese ursprüngliche Liebe.

Wir schauen auf die Eltern und sehen hinter ihnen ihre Eltern – und dahinter deren Eltern – und deren Eltern – und deren Eltern – unendlich viele Generationen.

Durch alle diese Generationen fließt das Leben bis zu unseren Eltern und durch sie zu uns. Es ist für alle das gleiche Leben. Alle, die es empfangen und weitergegeben haben, haben es richtig gemacht. Keiner konnte etwas hinzufügen, keiner konnte etwas wegnehmen. Das Leben fließt durch alle diese Generationen in seiner Fülle. Für unser Leben macht es keinen Unterschied, wie die Einzelnen waren, ob sie gut waren oder schlecht, angesehen oder verachtet. Im Dienst des Lebens waren sie alle gleich gut. So hat das Leben auch meine Mutter und meinen Vater erreicht und durch meine Mutter und meinen Vater kam es zu mir.

Jetzt öffnen wir unser Herz und unsere Seele für die Fülle des Lebens, wie sie uns durch unsere Mutter und unseren Vater erreicht hat. Und wir sagen ihnen: »Danke. Ich nehme es von euch, alles, zum vollen Preis, den es euch gekostet hat und den es mich kostet. Ich halte es fest und in Ehren, und ich gebe es weiter in seiner Fülle, in welchen Umständen auch ich es weitergeben kann und darf.«

Dann lehnen wir uns an unsere Eltern an. Wir schauen nach vorn und geben es weiter, wie immer: an eigene Kinder, an eigene Enkel, an die vielen Generationen, die nach uns kommen. Oder, wenn wir keine Kinder haben, geben wir es in anderer Weise weiter im Dienste des Lebens. Das Leben fließt durch uns hindurch. Gerade indem es hindurchfließt, sind wir am tiefsten mit ihm verbunden. Denn das Leben, wie die Liebe, fließt.

Der Lauf des Lebens

Wer von seinen Eltern nimmt, ist klein. Er verhält sich klein. Wer sich den Eltern gegenüber groß verhält, nimmt nicht, was sie schenken. Das fehlt ihm später auch.

Wer von seinen Eltern nimmt und sagt: »Ja, ich bin klein und ihr seid groß. Ich nehme es von euch«, und sich dann umdreht und es weitergibt, wird in dem Augenblick groß. Wenn er klein bleibt, kann er nicht weitergeben.

Also, erst klein und dann groß. Das ist der Lauf des Lebens.

Vergebung, Barmherzigkeit, Liebe

Vor einigen Monaten war ich in Israel und mit einigen Begleitern auch an der Ben Gurion Universität. Ein Professor, der sich sehr für den Frieden zwischen Israelis und Palästinensern einsetzt, hat uns dort gesagt: »Es ist merkwürdig. Wenn die Deutschen die Juden um Vergebung bitten würden, könnten ihnen die Juden diese nicht gewähren. Gleichzeitig warten die Israelis in Israel darauf, dass ihnen vielleicht die Palästinenser vergeben.«

Ich habe darüber nachgedacht, was es heißt, einem anderen zu vergeben. Darf man so etwas überhaupt? Wenn ich mir vorstelle, was in den Seelen vor sich geht, wenn wir von Vergebung reden oder daran denken, habe ich gespürt: Vergebung gibt es nur bei Kleinigkeiten und auf Gegenseitigkeit.

Wenn einer sich etwas zu Schulden kommen lässt, zum Beispiel wenn er einen anderen verletzt hat, dann ist die Vergebung, die wirkt, still. Sie ist ohne Worte. Sie ist eigentlich nur Nachsicht, das Vergessen, was da war. Man übergeht es. Indem man es auf diese Weise übergeht, spürt der andere die Liebe. Wenn er sieht, dass vielleicht auch ich mir ihm gegenüber etwas zu Schulden kommen ließ, antwortet er auf gleiche Weise. Er übersieht es und vergisst es. Das ist eine sehr menschliche Weise des Vergebens. Im Grunde ist sie einfach Nachsicht.

Wenn aber einer in einer Beziehung sagt: »Ich vergebe dir«, geht in der Seele etwas völlig anderes vor sich. Wer sagt: »Ich vergebe dir«, der spricht den anderen zugleich schuldig. Diese ausgesprochene Vergebung trennt. Sie kann eine Beziehung nicht retten. Im Gegenteil, sie zerstört eine Beziehung.

Dann gibt es Ereignisse, bei denen sich jede Vergebung verbietet. Zum Beispiel bei Mord. Wir brauchen uns nur vorzustellen: Was geht in der Seele eines Schuldigen vor, wenn er erwartet, dass man ihm vergibt? In dem Augenblick, in dem er Vergebung erwartet und erbittet, verliert er den Blick auf die Opfer. Statt dass er mit ihnen fühlt und mit ihnen leidet und über das trauert, was er ihnen zugefügt hat, schaut er auf sich. Er möchte von seiner Schuld entlastet werden, ohne dass er ihre Folgen auf sich nimmt.

Und was geht in denen vor, die bereit sind, ihm zu sagen: »Ich vergebe dir.«? Was machen sie damit? Darf man so etwas überhaupt? Wem steht das zu? Wer so etwas sagt, der stellt sich neben eine höhere Macht oder sogar über sie, als könnte er über Schuld und Unschuld verfügen oder, in letzter Konsequenz, über Leben und Tod.

Wenn keine Vergebung erwartet und auch keine gegeben wird, bleibt die Größe dessen, was geschehen ist, unangetastet. Der Schuldige bewahrt seine Würde, indem er keine Vergebung erwartet, und ich achte seine Würde, indem ich ihm nicht vergebe. Er ist etwas Größerem ausgeliefert. Kein Mensch darf hier eingreifen.

Noch etwas ist damit verbunden. Die große Schuld gibt Kraft, wenn man sie anerkennt und ihren Folgen zustimmt. Sie schenkt dem Schuldigen die Kraft, etwas zu leisten, was Unschuldige niemals leisten können, weil ihnen diese Kraft fehlt. Wir müssen daher die Schuld auch in einem größeren Zusammenhang sehen.

Und doch können wir uns auf gewisse Weise denen zuwenden, die keine Vergebung mehr erwarten können. Wie? Durch Barmherzigkeit.

Was ist Barmherzigkeit? Barmherzigkeit ist eine Bewegung der Seele und des Herzens im Angesicht eines Leids und einer Schuld, die unaufhebbar bleiben. Wir tun dann vielleicht gewisse Werke der Barmherzigkeit und wissen doch, dass die Schuld oder das Leid damit nicht aufgehoben werden können. In der Barmherzigkeit sind wir den anderen gleich. Wir stimmen der Ohnmacht zu, die jene erleiden, und fühlen uns selbst ohnmächtig. Wer barmherzig ist, der richtet nicht und er vergibt nicht. Weder noch. Er ist nur da und bleibt dabei unten.

Was ich hier über Vergebung gesagt habe und über die Verweigerung der Vergebung und über Barmherzigkeit, habe ich im Grunde über die Liebe gesagt. Doch es ist eine besondere Liebe. Sie ist über und jenseits jener Liebe, die noch etwas will.

Wissentlich blind

Die Liebe ist nachsichtig und auf doppelte Weise blind. Wenn zum Beispiel ein Mann eine Frau trifft und sie sich verlieben, sind beide blind. Wenn sie sich dann langsam kennen lernen, sind sie willentlich blind. Sie wollen einiges nicht sehen aus Liebe, weil sie nachsichtig sind.

So können wir es auch sonst machen, wenn wir Menschen begegnen. Wir werden blind sehend. Weil wir blind sind und nachsichtig, sehen wir mehr. Ist das nicht schön, so blind sehend durch die Welt zu wandeln? Und wie wohl tut das dem Herzen?

Liebe und Angst

Viel Liebe ist Angst, verlassen zu werden. Sie ist die Angst, die Verbindung zur Familie zu verlieren, vor allem die Verbindung zur Mutter und zum Vater. Dann tut ein Kind alles, damit es diese Zugehörigkeit bewahren darf, auch um den Preis der Gesundheit oder der Klarheit oder des Lebens. Das ist die Liebe eines kleinen Kindes. Sie ist völlig blind. Was immer in dieser Liebe geschieht, was immer der Preis ist für diese Liebe, es macht das Kinderherz glücklich.

Dann gibt es eine Liebe, die schaut. Sie sieht den anderen. Sie sieht die Mutter und den Vater. Und sie sieht im Gesicht der anderen auch deren Liebe. Angst kann man nur haben, wenn man wegschaut. Die ängstliche Liebe schaut nicht hin. Denn wenn man schaut und liebt, und wenn man sieht, dass man geliebt wird, kommt etwas in Gang: Nehmen und Geben. Zuerst Nehmen und dann Geben. Diese Liebe wächst.

Allmachtsphantasien

Noch etwas ist mit der kindlichen Liebe verbunden: eine Allmachtsphantasie. Es ist die Phantasie: Wenn ich den anderen liebe, rette ich ihn, erlöse ihn, habe Macht über sein Leben und über seinen Tod. Solche Allmachtsphantasien können natürlich nur Kinder haben, weil sie blind sind, und solche, die Kinder geblieben sind.

Auf die Liebe schauen

Im Grunde geht es immer um die Liebe. Es zeigt sich, dass in allem Verhalten, auch wenn es uns seltsam erscheint, die Liebe mit im Spiel ist und dass es darauf ankommt, den

Punkt und die Situation zu finden, wo jemand liebt. Wenn man diesen Punkt gefunden hat, wenn die Liebe also ans Licht kommt, fühlt sich die Person in Ordnung und gut, wie immer sie auch verstrickt ist. Dann kann man mit dieser Liebe eine Lösung suchen und finden. Deswegen erweist sich jede Therapie, in der negative Affekte eine Rolle spielen, wie zum Beispiel die Wut oder Vorwürfe gegen die Eltern, am Ende als verfehlt. Sie kann den Punkt nicht finden, an dem jemand liebt. Sie sucht ihn auch nicht. Deshalb zieht sich ein Helfer, der um diese Liebe weiß, innerlich von solchen Vorwürfen zurück.

Systemisch gesehen ist es so, dass der Helfer an Kraft gewinnt, je mehr er mit denen innerlich verbündet ist, die in einer Familie verachtet oder angeklagt oder ausgeschlossen sind. Wenn also jemand gegen seine Mutter oder gegen seinen Vater böse ist, und wenn der Helfer ihnen sofort einen Platz in seinem Herzen gibt, ist er, systemisch gesehen, mit denen verbunden, die die meiste Kraft haben. Dadurch kann er einem Klienten viel mehr helfen, als wenn er sich mit ihm gegen die Eltern verbündet.

Wo immer ein Kind etwas gegen seine Eltern unternimmt, zum Beispiel durch Vorwürfe, Anklagen oder Verachtung, bestraft es sich dafür am Ende selbst. Die Seele nimmt keine Rücksicht auf die Erklärungen, mit denen es solches Verhalten rechtfertigen will. Die Seele des Kindes bleibt seinen Eltern verbunden.

Auch in der Paarbeziehung ist es hilfreich, wenn ein Partner bei allem, was der andere seinen Eltern oder anderen Menschen vorwirft, diese innerlich in sein Herz nimmt. Nach einer Weile merkt es sein Partner und ist ihm dankbar.

Die Unterscheidung der Gefühle

Sehr oft, wenn jemand Gefühle zeigt, sind wir davon beeindruckt, vor allem wenn er ein trauriges Gefühl zeigt. Es gibt einen Test für die Unterscheidung der Gefühle, zum Beispiel, ob sie zum Handeln führen oder dem Handeln im Wege stehen. Wir können uns fragen und in uns nachspüren: Zieht jemand durch sein Gefühl unsere Aufmerksamkeit auf sich, oder können wir, wenn jemand ein Gefühl zeigt, bei uns bleiben? Wenn wir spüren, dass jemand durch sein Gefühl die Aufmerksamkeit auf sich zieht, darf man auf keinen Fall handeln. Denn hinter diesem Gefühl verbirgt sich in der Regel Aggression.

Gefühle, die die Aufmerksamkeit der anderen auf einen selbst ziehen, dienen als Ersatz für eigenes Handeln. Deswegen sind sie auch dramatisch. Bei diesen Gefühlen macht man die Augen zu. Denn diese Gefühle nähren sich an inneren Bildern, nicht an der Wirklichkeit. Also, diese Gefühle kann man vergessen, obwohl sie am meisten gezeigt werden. Nur nicht auf so ein Gefühl hereinfallen!

Wenn jemand uns bedrängt und fordert: »Du musst mir helfen«, werden wir ärgerlich. Dieser Ärger ist das Gefühl, das der andere verbirgt. Dann ist es eine hohe Kunst, mit dem anderen so umzugehen, dass der den gleichen Ärger bekommt, den wir gespürt haben. Wenn auch er diesen Ärger spürt, ist er handlungsfähig. Allerdings müssen wir die Kraft haben, so etwas auszuhalten. Ich nenne diese Gefühle die Sekundärgefühle.

Die Gefühle, die mit der Wirklichkeit zu tun haben, nenne ich primäre Gefühle. Bei ihnen hat jemand die Augen offen. Die primären Gefühle sind immer zur Sache. Sie sind nie übertrieben und sie sind in gewissem Sinne wohltuend. In der Gegenwart von Menschen, die solche Gefühle zeigen, zum Beispiel wenn jemand großen Schmerz hat oder Trauer oder auch Wut, berechtigte Wut, fühlen wir uns sicher und nicht manipuliert.

Eine andere Eigenschaft der primären Gefühle ist, dass sie kurz sind. Sie sind bald vorbei. Man kann das sehen, wenn in einer Familie jemand stirbt, zum Beispiel der Partner. Dann fühlt der überlebende Partner einen großen Schmerz. Wenn er diesen Schmerz in seiner ganzen Heftigkeit äußert, ist er bald vorbei. Dieser heftige Schmerz macht es ihm möglich, dass er sich trennt und wieder nach vorn blickt.

Manche Partner trauern ein ganzes Leben lang. Sie trauern aber nicht wirklich. Diese Trauer ist ein sekundäres Gefühl. Solche Trauer zeigen nur jene, die dem Partner noch böse sind oder ihm noch etwas schulden.

Sehr viele Gefühle, die einer fühlt und zeigt, gehören nicht ihm. Sie sind von jemand anderem im System übernommen, ohne dass der Betroffene es weiß. Man hat zum Beispiel die Gefühle von jemandem, der aus der Familie ausgeschlossen war oder der ein schweres Schicksal hatte. Dennoch fühlen sich diese Gefühle richtig an. Bei einer Aufstellung kommt die Verschiebung dieser Gefühle ans Licht.

Die doppelte Verschiebung

In diesem Zusammenhang möchte ich auf eine wichtige Beobachtung hinweisen. In vielen Paarbeziehungen streiten sich die Partner immer um das Gleiche. Außenstehenden ist das nicht verständlich. In einer solchen Paarbeziehung gibt es so etwas wie die doppelte Verschiebung. Das heißt, jemand übernimmt von jemandem ein Gefühl, zum Beispiel eine Wut, die dieser auf einen anderen hatte.

Dabei verschiebt sich für dieses Gefühl nicht nur das Subjekt – ein späteres Mitglied der Familie übernimmt es zum Beispiel von einem früheren –, sondern auch das Objekt. Das heißt, die übernommene Wut richtet sich nicht auf das frühere, eigentliche Objekt, sondern sucht sich ein neues Objekt, jemanden, der sich überhaupt nichts zu Schulden kommen ließ. Wenn man das weiß, kann man eine doppelte Verschiebung auch bei sich selbst erkennen. Wenn man nachforscht, findet man vielleicht heraus, wo dieses Gefühl seinen ursprünglichen Ort und seine Bedeutung hatte.

Immer wenn jemand für Recht und Ordnung streitet, streitet er für das Recht von jemandem aus seiner Familie, oft mehrere Generationen zurück. Deswegen hat er diesen besonderen Eifer. Im Grunde ist es kein erwachsener Eifer. Es ist der Eifer eines Kindes.

Die übergeordneten Gefühle

Es gibt noch eine vierte Art von Gefühlen. Ich nenne sie Metagefühle, das heißt übergeordnete Gefühle. Sie sind sehr ruhig und voller Kraft. Zu ihnen gehört zum Beispiel der Mut. Wer mutig ist, hat keine Emotionen. Er hat reine Kraft. Mut ist wach und gelassen.

Zu den Metagefühlen gehört auch die Freude. Diese Freude ist leicht und heiter. Auch die tiefe Zufriedenheit ist ein Metagefühl.

Die Liebe gibt es auf verschiedenen Ebenen. Es gibt die primäre Liebe unmittelbar der geliebten Person gegenüber. Sie ist wunderschön. Dann gibt es eine sekundäre Liebe, die Verliebtheit. Bei ihr sieht man den anderen nicht. Dann gibt es die Liebe auch als übernommenes Gefühl, und es gibt sie auf der Metaebene. Zum Beispiel liebt der Chirurg, obwohl er schneidet. Diese Metaliebe ist ohne Emotionen, aber voller Kraft.

Das höchste Metagefühl ist die Weisheit. Die Weisheit ist nämlich ein Gefühl. Mit Hilfe der Weisheit kann man unterscheiden, was hilft und was nicht hilft. Die Weisheit hat keinen Inhalt. Sie ist ein Gefühl, mit dessen Hilfe wir unterscheiden, geht es oder geht es nicht.

Dimensionen der Liebe

Die Liebe hat verschiedene Dimensionen. Wir kennen ja alle die nahe Dimension. Kinder lieben ihre Eltern, solange sie klein sind. Die Eltern lieben ihre Kinder, und Mann und Frau lieben einander. Die Liebe geht zwischen ihnen im Gefühl hin und her. Das ist die Ebene, auf der wir uns weit gehend bewegen.

Dann gibt es eine andere Liebe. Sie ist gewissenhaft. Was heißt das? Sie folgt dem Gewissen. Welchem Gewissen? Dem Gewissen der Familie. Das Gewissen gibt uns vor, was wir tun und lassen müssen, damit wir dazugehören. Wir haben ein gutes Gewissen, wenn wir uns so verhalten, dass wir dazugehören dürfen. Und wir haben ein schlechtes Gewissen, wenn wir Angst haben, dass wir die Zugehörigkeit verloren haben.

Das Gewissen unterscheidet zwischen Gut und Böse. Gut heißt hier nur das, was mir das Recht gibt dazuzugehören, und Böse heißt hier nur das, was meine Zugehörigkeit gefährdet.

Weil das Gewissen uns an diese Familie bindet, schließt es anderes aus. Andere Personen zum Beispiel, andere Gruppen, andere Vorstellungen von Gut und Böse. Je mehr es uns an unsere Familie bindet, vor allem in Zeiten der Not und der Gefahr, wo unsere Bindung an unsere

Familie überlebenswichtig wird, desto stärker wird die Ablehnung nach außen. Das gute Gewissen nährt die Ablehnung der anderen. Hinter der Aggression gegen die anderen oder sogar hinter dem Vernichtungswillen, dass man die anderen loshaben will oder dass sie verschwinden oder sogar sterben, steht das gleiche gute Gewissen, das uns an unsere Familie bindet. Deswegen gibt es den Ausschluss aus der Familie oft mit gutem Gewissen. Wir sind gezwungen durch unsere Mitgliedschaft, einige Personen abzulehnen.

Nun gibt es aber hinter diesem guten Gewissen, das wir als Schuld und Unschuld fühlen, ein völlig anderes Gewissen, ein kollektives, ursprüngliches, archaisches Gewissen. Es ist für uns unbewusst. Dieses Gewissen duldet nicht, dass irgendjemand ausgeschlossen wird. Wenn daher in einer Familie jemand ausgeschlossen wird, auf welche Weise auch immer, muss später unter dem Druck dieses Gewissens ein anderes Mitglied diesen Ausgeschlossenen vertreten. Er wird auf diese Weise wieder in die Familie hereingenommen, aber ohne dass es dem Einzelnen bewusst wird. Das nennt man eine Verstrickung.

Deswegen ist es in vielen Paarbeziehungen so, dass Ausgeschlossene auf der Seite des Mannes oder der Frau in die Paarbeziehung hereinwirken. Deswegen müssen diese Ausgeschlossenen hereingenommen werden mit Liebe.

Das ist jetzt eine andere Liebe. Sie geht über die Grenzen von Gut und Böse und über die Grenzen des Gewissens hinaus und nimmt die anderen, die draußen sind, mit herein. Das ist dann Wachstum. Wenn uns das gelingt, sind wir gewachsen. Auch in der Paarbeziehung sind dann beide gewachsen. Sie sind voller geworden, vollständiger. Sie sind deswegen nicht mehr verliebt, aber viel tiefer aneinander gebunden.

Der Himmel auf Erden

Die Menschen lieben verschieden. Wenn wir auf unsere Eltern schauen und auf unsere Ahnen, und wenn wir auf das Leben schauen, das von ihnen zu uns kommt, nehmen wir das Leben auf eine für uns besondere Weise. Wir nehmen es anders als andere Menschen. Denn unsere Eltern und unsere Ahnen sind eingebunden in eine besondere Umgebung. Sie gehören einem bestimmten Volk an, einer bestimmten Kultur, einer bestimmten Religion, einer bestimmten Rasse. Mit dem Leben nehmen wir von ihnen auch bestimmte Umstände des Lebens. Wir können unser Leben nur haben, wenn wir diesen Umständen zustimmen. Durch diese Umstände haben wir bestimmte Möglichkeiten, und es sind uns bestimmte Grenzen gesetzt.

Nun stellen wir uns vor, neben uns steht ein anderes Kind. Es schaut auf seine Eltern und auf seine Ahnen und nimmt von ihnen das Leben, aber in völlig anderen Umständen. Seine Eltern gehören einer anderen Volksgruppe an, sprechen eine andere Sprache, gehören zu einer anderen Kultur, zu einer anderen Religion vielleicht. Dieses Kind kann das Leben nur haben, wenn es diesen Umständen zustimmt. Diese Umstände sind aber von unseren Umständen verschieden. Dieses Kind hat keine andere Wahl, als diesen Umständen zuzustimmen, so wie wir keine andere Wahl hatten, den unseren zuzustimmen.

Obwohl wir nun beide völlig verschieden sind, ich und dieses andere Kind, sind wir in der Art, wie wir das Leben nehmen und ihm zustimmen, völlig gleich. Und obwohl beides verschieden ist, hat es das gleiche Recht, da zu sein.

Nun ist es aber so, dass wir uns unter dem Antrieb unseres Gewissens auf eine Weise verhalten, die es uns erlaubt, zu unserer Gruppe dazuzugehören. Wenn wir uns so verhalten, haben wir ein gutes Gewissen. Umgekehrt macht uns alles, was uns von unserer Gruppe trennen würde, ein schlechtes Gewissen. So weit, so gut. Aber so, wie wir in uns etwas ablehnen, was uns von unserer Gruppe trennen würde, lehnen wir unter dem Antrieb des Gewissens oft auch eine andere Gruppe ab, eine andere Religion, eine andere Kultur. Dabei ist es manchmal so, dass wir uns unter dem Antrieb unseres Gewissens als besonders erleben und im extremen Fall sogar als auserwählt, und dass wir die anderen, die anders sind, als minder betrachten oder sogar als verworfen.

Doch die anderen, die anders sind, denken vielleicht das Gleiche: Wir sind besser, wir sind auserwählt, und die anderen sind minder oder verworfen.

So entsteht unter dem Einfluss des Gewissens eine Spaltung. Sie führt dazu, dass die eine Gruppe die andere sich angleichen und unterwerfen will. Daher steht hinter den Konflikten, die sich daraus ergeben, ein gutes Gewissen. Merkwürdig!

Damit nun die Liebe auch zwischen den Gruppen gelingt, müssen wir über die Grenzen unserer Gruppe und unserer Familie und unseres Gewissens hinauswachsen. Das gelingt nach dem gleichen Muster wie die Liebe zwischen Mann und Frau. Obwohl die anderen Gruppen von uns verschieden sind, müssen wir anerkennen, dass sie der unseren gleichwertig sind. Wir geben den anderen Gruppen in uns Raum und werden dadurch runder und voller, ohne dass die Unterschiede aufgehoben werden können. Im Gegenteil, nur weil sie anerkannt werden, werden wir durch sie bereichert.

Noch etwas kommt hinzu. Beide Gruppen sind von einer größeren Macht gesteuert. Ich nenne sie die Große Seele, an der wir alle teilhaben. Diese Große Seele will die Unterschiede und verbindet sie zugleich. Daher erreichen wir am Ende die Fülle der Liebe, wenn alle Menschen, obwohl unterschiedlich, für uns in unserer Seele gleich sind.

Jesus hat ein Bild für diese innere Haltung gezeigt. Er sagt: »Mein himmlischer Vater lässt die Sonne scheinen über Gute und Böse und lässt den Regen fallen über Gerechte und Ungerechte.« Hier gibt es keine Unterschiede mehr.

Was wäre nun die innere Haltung, die uns hilft, dem zu entsprechen? Was wäre die große Liebe? Wenn wir anerkennen, dass alle Menschen uns vor etwas Größerem gleichen.

Es kommt noch etwas hinzu. Viele Konflikte werden aufrechterhalten durch eine Erinnerung. Doch die große Liebe vergisst. Vergessen und Vergeben heißt hier ebenfalls: »Wir anerkennen, dass alle anderen uns vor etwas Größerem gleichen.« Das wäre dann der Himmel auf Erden.

Die Abwesenheit

Wir sind abwesend, wenn wir irgendwo anders anwesend sind. Daher gewinnt unsere Abwesenheit ihre Bedeutung und ihren Wert oder Unwert von der Bedeutung und vom Wert oder Unwert unserer Anwesenheit her. Diese Abwesenheit oder Anwesenheit kann räumlich und sie kann geistig und innerlich sein. Der sprichwörtliche zerstreute Professor ist deswegen abwesend, weil er irgendwo anders gesammelt anwesend ist.

Der Mann, der am Morgen sein Zuhause verlässt und zur Arbeit geht, wird sowohl räumlich als auch geistig und innerlich von seinem Zuhause und seiner Familie abwesend. Zugleich wird er an seinem Arbeitsplatz und bei seiner Arbeit und seiner Aufgabe anwesend. Er ist aber nicht ganz von seiner Familie abwesend, besonders wenn er seine Arbeit oder Aufgabe auch im Dienst seiner Familie sieht.

Dann ist seine Familie auch bei seiner Arbeit anwesend, aber mehr im Hintergrund, ohne dass seine Arbeit oder Aufgabe darunter leidet. Sie beflügelt vielleicht sogar durch ihre latente Anwesenheit diese Arbeit und hilft ihm, umso mehr bei der Sache und bei seiner Arbeit anwesend zu sein.

Anders ist es, wenn bei seiner Arbeit die Familie so sehr anwesend ist, dass seine Anwesenheit bei der Arbeit darunter leidet, er also durch diese Anwesenheit geistig abwesend wird. Zum Beispiel wenn er sich Sorgen um seine Familie macht. Dann kann die Anwesenheit der Familie nicht nur seine Arbeit beeinträchtigen, sondern nach einiger Zeit auch seine Familie. Wenn er vielleicht in seiner Leistung nachlässt, kann das auch für seine Familie schlimme Folgen haben, zum Beispiel wenn er seine Arbeit verliert.

Umgekehrt kann jemand, der von seiner Arbeit nach Hause kommt, vielleicht noch so mit seiner Arbeit beschäftigt sein, dass er zu Hause, obwohl er räumlich anwesend ist, dennoch geistig abwesend ist. Manchmal kann der Partner, wenn er liebevoll die Anwesenheit auch der Arbeit anerkennt, langsam dem anderen zur geistigen Anwesenheit zu Hause verhelfen, sodass er die Arbeit und die mit ihr verbundenen Sorgen zurücklassen und abwesend sein lassen kann, sodass er auch geistig und innerlich in der Familie anwesend wird.

Anders ist es allerdings, wenn die Arbeit oder Aufgabe von solcher Art ist, dass sie die Abwesenheit nicht zulässt und die Anwesenheit zu Hause sie beeinträchtigen würde. Zum Beispiel bei einem Arzt oder bei einem Politiker oder bei sonst einer Person, die für viele andere, auch für viele andere Familien, Verantwortung trägt. Hier kann der Partner, indem er die Verantwortung mit trägt, dem anderen in seiner Abwesenheit beistehen und trotz eigener Abwesenheit bei ihm anwesend sein.

Das Ideal der dauernden Anwesenheit des Partners und die Erwartung, dass er dauernd anwesend sein muss, dass also seine Anwesenheit Vorrang vor allem anderen hat, hängt vielleicht damit zusammen, dass in früherer Zeit die Arbeit nur eine andere Form der Anwesenheit auch zu Hause war. Zum Beispiel auf einem Bauernhof, aber auch bei vielen Handwerkern. Diese Form der dauernden Anwesenheit ist heutzutage die Ausnahme. Wenn dieses Ideal auf die jetzigen Verhältnisse übertragen wird, führt es bei beiden Partnern zu Erwartungen, die nicht erfüllt werden können, und bringt ihnen entsprechende Enttäuschungen und Leid.

Das Problem wird verschärft, wenn beide Partner außerhalb der Familie eine Arbeit und eine Aufgabe übernehmen. Beide sind dann nicht nur für einen großen Teil ihrer Zeit, sondern auch geistig und innerlich vom anderen und von der Familie abwesend. Die Familie rückt dann aus dem Zentrum der Aufmerksamkeit, zumal der Beruf für beide Partner oft höhere Anforderungen stellt als die Beziehung und die Familie. Höher heißt hier aber nicht im Sinne des Wertes, sondern im Sinne geistiger Vorbereitung, Konzentration, Risiko und Verantwortung. Während in der Familie und in der Beziehung die Anforderungen mehr im Bereich des Gewöhnlichen liegen und sie im Bereich des allen Menschen Verfügbaren bleiben, fordern die Arbeit und die Aufgaben oft eine besondere, nicht allen in gleicher Weise zugängliche Ausbildung und Erfahrung. Daher unterscheiden und trennen sie die Einzelnen von anderen oft mehr, als dass sie sie mit diesen verbinden. Das zeigt sich besonders bei Partnern, die neben ihrer Beziehung und neben ihrer Verantwortung als Eltern in unterschiedlichen Berufen mit unterschiedlichen Aufgaben tätig sind. Ihre Abwesenheit voneinander wird von der Zeit her und nach dem Gefühl oft größer und tiefer als ihre Anwesenheit.

Die Frage ist nun: Wie kann die Anwesenheit für beide sowohl in der Beziehung als auch im Beruf und in der jeweiligen Aufgabe bewahrt und vertieft werden, ohne dass das eine oder andere darunter leidet? Wie werden beide sowohl durch das eine wie das andere miteinander auf eine Weise verbunden, die sowohl in der Beziehung und in der Familie als auch im jeweiligen Beruf und der je persönlichen größeren Aufgabe und Verantwortung ihre Anwesenheit erhöht?

Indem beide in einem größeren Ganzen anwesend werden.

Prüfungen der Liebe

Der Mann und die Frau sind, wie jeder sehen kann, verschieden. Wenn also der Mann sich einer Frau zuwendet und die Frau sich dem Mann zuwendet, lieben sie etwas, was ihnen vorher fremd war. Sie müssen also ihr Herz für etwas öffnen, das von ihnen verschieden ist, und sie müssen das Verschiedene als gleichwertig anerkennen. Beide müssen anerkennen, dass ihnen etwas fehlt. Sie müssen anerkennen, dass der andere ihnen schenken kann, was ihnen fehlt, und dass sie dem anderen etwas schenken können, was ihm fehlt. Damit wachsen beide. Sie werden reicher und erfüllter.

Indem sie etwas loslassen, gewinnen sie. Der Mann lässt etwas los und gewinnt die Frau. Die Frau lässt etwas los und gewinnt den Mann.

Zusätzlich kommen beide aus verschiedenen Familien. Der Mann muss auf einmal sehen, dass es auch eine andere Familie gibt, in der andere Regeln gelten und andere Werte, verschieden von den Regeln und Werten in seiner Familie. Und natürlich die Frau ebenso. Die Frage ist: Wie soll ihre Liebe gelingen, wenn sie aus zwei verschiedenen Familien kommen, die in vielerlei Weise unterschiedlich sind? Sie machen es wie am Anfang, als sie sich begegnet sind. Der Mann öffnet sein Herz nicht nur für die Frau, sondern auch für ihre Familie. Und die Frau öffnet ihr Herz nicht nur für den Mann, sondern auch für seine Familie. Was geschieht dann in ihrer Seele? Beide wachsen. Beide anerkennen, dass die andere Familie, obwohl verschieden, gleichwertig ist.

Das geht noch einen Schritt weiter. Jeder von den beiden kommt aus einer Familie, in der es besondere Schicksale gab. Beide sind in die besonderen Schicksale ihrer Familie verstrickt. Aus den Verstrickungen ergeben sich manchmal besondere Schwierigkeiten in der Paarbeziehung. Wieso will zum Beispiel auf einmal die Frau aus der Paarbeziehung weggehen? Ist sie böse? Ist sie vielleicht schuldig? Oder ist sie verstrickt? Was ist in ihrer Herkunftsfamilie passiert, was sie nicht loslässt, sodass sie gehen muss?

Ich möchte hier ein Beispiel bringen von einer Verstrickung besonderer Art.

Vor einiger Zeit hatte ich einen Paarkurs in Washington. Eine Frau kam ohne ihren Mann. Ich habe sie und einen Stellvertreter des Mannes einander gegenüber aufgestellt. Ich habe aber nichts von der Familie gewusst. Der Stellvertreter des Mannes fing zu zittern an, richtig zu schlottern. Ich habe die Frau gefragt: »Hast du schon einmal daran gedacht, ihn umzubringen?« Sie sagte: »Ja.« Dann habe ich die Aufstellung abgebrochen.

Etwas später kam die Frau zu mir und sagte, sie habe etwas Wichtiges über ihre Herkunftsfamilie herausgefunden. Ich hatte ihr vorher gesagt: »Wenn ein Partner den anderen umbringen will, hängt es mit etwas in der Herkunftsfamilie zusammen.« Sie sagte mir, dass ihr Vater an der Produktion der Atombombe beteiligt war, und in einem Nebensatz erwähnte sie, dass sie sich wundere, warum sie einen Japaner geheiratet habe. In der darauf folgenden Aufstellung wurde klar: Sie war mit der Atombombe identifiziert, und in ihrer Ehe wurde der Konflikt zwischen Japan und den USA stellvertretend weitergeführt, ohne dass es den Partnern bewusst war.

Das war ihre Verstrickung, und beide waren ohnmächtig, bevor diese Verstrickung ans Licht kam. Hier wird die Liebe wirklich geprüft.

In der Liebe bleiben

Ich möchte etwas sagen über die Liebe, aber etwas anderes, als viele vielleicht erwarten. Wir hören manchmal das Wort: »Bleibt in der Liebe!« Was heißt das, in der Liebe bleiben? Wir kennen die Bindungsliebe. Wir sind durch eine besondere Liebe an unsere Eltern gebunden, an unsere Liebespartner und an unsere Kinder. Weil wir so an sie gebunden sind, sind wir gleichzeitig von anderen getrennt.

In der Liebe bleiben heißt, dass alles, wie es ist, geliebt wird, dass alles, wie es ist, in die Seele hereingenommen ist. Es heißt, dass wir ihm zustimmen, wie es ist, und es lieben, wie es ist, genau so, wie es ist. Es heißt auch, dass wir dem ganzen Leben zustimmen, wie es ist, genau so, wie es ist: dem eigenen Leben, wie es ist, dem Leben der anderen, wie es ist, der Schöpfung, wie sie ist, genau so, wie sie ist.

Zu diesem Leben gehört auch der Kampf. Das Leben der Einzelnen ringt mit dem Leben der anderen um den Platz. Wenn wir in der Liebe bleiben, lieben wir auch das: die Gegensätze, den Kampf, den Sieg und den Untergang,

Leben und Sterben, die Lebenden und die Toten, die Vergangenheit, wie sie war, die Zukunft, wie sie kommt, genau so, wie sie kommt. In dieser Liebe sind wir weit und mit allem im Einklang und im Einverständnis.

Diese Liebe ist Hingabe an das Ganze. Sie ist die eigentliche Religion. In dieser Liebe sind wir voll, gelassen, können zuschauen, wie es läuft, sind dem eigenen Schicksal hingegeben und achten das Schicksal der anderen und das Schicksal der Welt. So dem Ganzen hingegeben zu sein, das heißt, in der Liebe zu bleiben.

Das hat Folgen auch für unsere Arbeit. Wer so in der Liebe bleibt, der kann allem zuschauen, wie es ist: dem Glück und dem Unglück, dem Leben und dem Tod, der Verstrickung und dem Leid. Weil er das Ganze liebt und dem Ganzen hingegeben ist, wird er manchmal auch tätig im Fluss des Lebens, ohne sich zu überheben, immer im Einklang und im Einverständnis. Wer so hilft, ist ohne Sorge. Und er ist frei. Die, denen er hilft, sind ebenfalls frei. Alle sind immer gleich groß und gleich wichtig. Im Ganzen ist keiner besser oder schlechter. Im Ganzen sind wir einfach da.

Der reine Bezug

Ich schlage eine kleine Übung vor.

Wir schließen die Augen. – Wir gehen zu den Personen, an die wir gebunden sind oder gebunden waren – stellen sie gleichsam ins Offene – ins Weite – ohne irgendeinen Wunsch an sie – ohne Vorwurf – ohne Reue. – Wir stellen sie weit weg – fast wie ein Sternbild weit weg – und spüren, was es in unserer Seele bewirkt. Rilke nennt das den reinen Bezug. Hier findet die Bindung ihre Erfüllung, ohne zu binden.

Die Zauberworte

Es gibt bestimmte Vorstellungen, wie eine Paarbeziehung sein sollte. Oder wie eine Familie sein sollte. Wenn sie dann so ist, wie sie sein sollte, wie geht es uns dann? Am besten ist eine Paarbeziehung genau so, wie sie ist, und die Familie genau so, wie sie ist. Man stimmt ihr zu, wie sie ist.

Für die Paarbeziehung gibt es drei Zauberworte. Das erste Zauberwort heißt »Ja«. Das zweite heißt »Bitte«. Und das dritte heißt »Danke«.

Das sind auch die Zauberworte gegenüber den Eltern, aber in umgekehrter Reihenfolge. Zuerst »Danke«. Dann »Bitte«. Und dann »Ja«.

Für alle Beziehungen sind das die Zauberworte.

Das Zauberwort in der Liebe hat im Deutschen zwei Buchstaben: »Ja.« Wir können dazu eine kleine Übung machen, wenn wir schon mal dabei sind.

Wir machen die Augen zu. Wir stellen uns die vielen Personen vor, mit denen wir in Beziehung sind, in Beziehungen verschiedener Art – auch jene, mit denen wir in Beziehung waren. Wir gehen zu jedem hin und sagen zu ihm: »Ja.« – Das Ja macht glücklich.

Übrigens kann ich hier noch ein Geheimnis verraten. Die Seele kennt kein Nein.

Erinnern, was gelang

Wenn ein Paar schon lange zusammengelebt hat, gibt es viele gemeinsame Erfahrungen jeder Art. Es ist eine schöne Übung, wenn beide innerlich zurückgehen an den Anfang ihrer Liebe. In der Erinnerung gehen sie durch all die Jahre ihres Zusammenseins und freuen sich daran. So viel Schönes über so viele Jahre! So viel Großes, so viel Gelungenes! So viel gemeinsames Aneinander-Wachsen.

Wie wachsen wir? Zuerst durch Nehmen und zweitens durch Lassen, beides gleichzeitig.

Warum?

Die Frage »Warum?« wird sehr häufig gestellt. Welche Wirkung hat diese Frage in der Seele? Gibt sie Kraft? Lähmt sie? Verhindert sie Handeln?

Ich habe dazu etwas Wichtiges herausgefunden. Es gibt gute Lösungen ohne jedes Problem, also auch ohne die Frage »Warum?« Wer auf das Problem schaut, schaut zurück, und das verhindert die Lösung. Wenn jemand sein Problem erforscht und meint, er habe herausgefunden, warum er es hat, schreibt er sein Problem fest. Er hat es klar definiert. Danach kann es nur schwer geändert werden.

Ich habe mal einen kleinen Spruch geschrieben, einen Aphorismus: »Der Weise vermeidet es, ewige Liebe zu schwören. Stattdessen liebt er lieber drauf los.« Allerdings ist das gewagt. Aber es ist ein Wagnis ohne Probleme.

Verschmelzung und Grenzen

Die Verschmelzung ist der Anfang der Trennung. Die Liebe, die bleibt, achtet die Grenzen. Dazu gehört auch, dass man dem Partner seine Geheimnisse lässt.

Wenn zum Beispiel der eine den anderen fragt: »Wie war das mit deinen früheren Beziehungen?«, ist das Vertrauen beeinträchtigt. Oder wenn einer über das Intime seiner Paarbeziehung anderen etwas sagt, wirkt es wie ein Verrat. Also die Geheimnisse müssen gewahrt werden.

Wieder zueinander finden

Wie findet ein Paar wieder zueinander? Durch kleine Aufmerksamkeiten. Ganz kleine. Jeden Tag nur eine Aufmerksamkeit. Eine Aufmerksamkeit mit Liebe. Wenn es mehr sind, schadet es nicht. Nur eine kleine Aufmerksamkeit.

Richtig verheiratet ist man, wenn man die Heirat mehrmals wiederholt. Mit Verlieben, Verloben, Verheiraten. Man fängt an mit dem ersten Blick. Die frühere Heirat vergisst man. Man fängt wieder von vorn an, ganz von vorn.

Ein großes Hindernis bei einer Paarbeziehung ist die Vorstellung der Vollkommenheit. Dass man erwartet, der andere müsste vollkommen sein oder dass man selbst vollkommen sein muss.

Die Liebe gelingt, wenn man sich gegenseitig mindestens zehn Sünden zugesteht. Also zehn Sünden werden einfach weggeschoben. Das gehört mit dazu. Jede Seite hat das Recht auf mindestens zehn Sünden. Das gibt dem Paar eine gewisse Freiheit, wenn sich die Partner das zugestehen.

Wenn irgendetwas war, von dem wir denken, es war nicht so gut, entweder bei einem selbst oder beim anderen, kann man ihm oder sich sagen: »Das war jetzt eine von den Sünden.« Die wird sozusagen durchgestrichen.

Was ich hier sage, ist menschlich. Die Vollkommenheit ist unmenschlich. Vollkommene gibt es nur mit viel Heuchelei. Das Gewöhnliche ist unvollkommen, mit Fehlern und mit Schuld.

Schließen Sie wieder die Augen. Jetzt schauen Sie auf alles, was zwischen Ihnen als Paar passiert ist, ohne jedes Bedauern, und sagen Sie zu allem, was passiert ist: »Ja. So war's und so darf es auch gewesen sein.« Damit sind Sie beide menschlicher geworden.

Der Verzicht

Noch etwas Wichtiges ist zu bedenken. Was immer in einer Paarbeziehung vorgefallen ist, man kommt nicht mehr darauf zurück, nicht einmal mehr in Gedanken. Das ist Liebe. Dann überrollt einen das Leben in seiner Fülle. Da ist doch so viel Gemeinsames zwischen einem Paar gewesen. Man braucht es nur begießen, damit es wieder neu sprießt.

Da ist noch etwas zu beachten, damit die Liebe gelingt. Sie gelingt durch einen Verzicht. Durch den Verzicht auf einen Traum, auf eine Illusion.

Viele bringen in die Paarbeziehung die unerfüllten Wünsche der Kindheit mit ein, oder unerfüllte Erwartungen der Kindheit. Dann sehen sich der Mann und die Frau gegenseitig nicht, wie sie sind. Wenn der andere die Erwartungen aus der Kindheit nicht erfüllt, ist man enttäuscht. Aber den anderen trifft keine Schuld. Er ist ja nicht die Mutter oder der Vater oder wer immer, sondern eine ganz gewöhnliche Frau und ein ganz gewöhnlicher Mann. Doch gleichzeitig sind beide einzigartig.

Diese Sichtweise macht gelassen. Sie öffnet eine Tür in die Zukunft.

Gehen mit der Liebe des Geistes

Ich habe eine Vorstellung über die Liebe. Hinter allem, was geschieht, sei es in der Paarbeziehung, sei es in der Beziehung der Eltern zu den Kindern, sei es in der Welt, es wirkt etwas über uns hinaus. Es gibt keine Bewegung aus uns selbst. Sie kommt von irgendwo her, von weit her, eine schöpferische Urbewegung, die alles bewirkt und alles bewegt. Wenn ich mir diese Bewegung vorstelle, ist sie allen gleichermaßen zugewandt.

Jetzt können wir, was immer wir tun und was unsere Situation auch sein mag, uns einschwingen in diese Bewegung, die allem zugewandt ist. Das ist eine geistige Bewegung. Diese Zuwendung ist natürlich Liebe. Aber eine geistige Liebe, die nichts ausschließt. Wenn wir uns einschwingen in diese Bewegung, kann es nur gut gehen.

Manche wollen zuerst in die Bewegung des Geistes gehen und dann in die Bewegung Liebe. Nein, das Gehen mit der Liebe des Geistes ist die Voraussetzung für den Einklang mit dieser Bewegung. Sie beginnt also mit der Zuwendung zu allem, wie es ist, zu allem gleichermaßen. Wenn uns das gelingt, sind wir gewachsen.

Der Abschied

Alle Liebe endet. Am Ende jeder Liebe steht der Abschied. Je länger die Liebe dauert, desto mehr kommt der Abschied in den Blick. Alles, was es an Schwierigkeiten in einer Beziehung gibt, ist Teil des Abschieds, ist Einübung in den endlichen Abschied.

Wenn eine Beziehung lange gedauert hat, in der beide Partner durch viele Abschiede gegangen sind, und man schaut in ihre Gesichter, sind sie verklärt wie eine Landschaft im Abendlicht.

Noch etwas über die Liebe. Liebe ist Austausch von Nehmen und Geben. Je größer der Austausch, desto erfüllter die Liebe und desto tiefer die Bindung. Beim Geben und Nehmen merken wir aber sehr schnell, dass wir an eine Grenze kommen. Unser Herz mag noch so voll sein, wir können dem anderen nur so viel geben, als er nehmen kann, und der andere kann nur so viel nehmen, als er geben kann. Ich darf ihm nur so viel geben, als er auch zurückgeben kann. Deswegen wird Liebe, die sich ausgießt, nach einiger Zeit leer.

Man muss natürlich auch nehmen, was der andere gibt. Was der andere geben kann, ist manchmal nicht genau das, was wir uns wünschen. Dieses Nehmen verlangt von uns einen gewissen Verzicht. Aber durch diesen Verzicht kann der andere wirklich geben. Dann bekomme ich nicht nur, was ich mir wünsche, ich bekomme auch etwas, was mich herausfordert und was mich wachsen lässt.

ALLE KINDER SIND GUT – UND IHRE ELTERN AUCH

Vorbemerkung

Die Liebes-Geschichten in diesem zweiten Teil erschließen sich als Liebes-Geschichten erst, wenn wir hinter ihrem dunklen Vordergrund ihre verborgene Helle in den Blick bekommen. Wenn uns in diesen Geschichten das blendende Licht wie bei einer Sonnenfinsternis auch verdeckt erscheint, so erfahren wir nach einiger Zeit, wie bewegend die Liebe von Kindern und Eltern unsere Seele berührt, wenn sie ans Licht kommen darf. Das gilt auch für unsere eigene heimliche Liebe und die heimliche Liebe unserer Eltern.

JEDER IST GUT

Die andere Liebe

Wenn ich sage: »Alle Kinder sind gut – und ihre Eltern auch«, löst es vielleicht bei einigen Kopfschütteln aus. Wie ist denn das möglich? Diese Aussagen gehen sehr weit. Sie sagen ja gleichzeitig, dass auch wir gut sind und dass wir als Kinder gut waren und noch immer gut sind. Sie sagen, dass auch unsere Eltern gut sind, weil sie Kinder waren, dass sie als Kinder gut waren und es als Eltern auch sind.

Ich will etwas über den Hintergrund zu diesem Satz erklären, weg von dem vordergründigen Gerede, wenn wir sagen: »Aber das Kind hat doch das und das gemacht, und die Eltern haben das und das gemacht.« Sie haben es gemacht. Aber wieso? Aus Liebe.

Das werde ich jetzt in der Tiefe erläutern und Ihnen auch Übungen vorschlagen, mit deren Hilfe Sie in der Seele nachspüren können, was es heißt, wirklich gut zu sein. Natürlich ist die Schlussfolgerung – ich nehme sie schon mal vorweg –, dass jeder, wie er ist, gut ist. Dass er gerade deswegen gut ist, weil er so ist, wie er ist. Dass wir uns deswegen weder um uns selbst noch um Kinder noch um unsere Eltern Sorgen machen dürfen, ob sie gut sind oder nicht. Nur ist unser Blick manchmal verdunkelt, sodass wir nicht sehen, wo wir gut sind, wo die Kinder gut sind und wo ihre Eltern gut sind. Das möchte ich zuerst in einem Überblick erläutern.

Das geistige Feld

Durch das Familien-Stellen ist ans Licht gekommen, dass wir eingebunden sind in ein größeres System, in ein Familiensystem. Zu diesem System gehören nicht nur unsere Eltern und die Geschwister, sondern auch die Großeltern und die Urgroßeltern und die Ahnen. Es gehören zu diesem System auch andere, die auf eine bestimmte Weise für dieses System wichtig waren, wie zum Beispiel frühere Partner von unseren Eltern oder Großeltern. In diesem System werden alle von einer gemeinsamen Kraft gesteuert. Diese Kraft folgt bestimmten Gesetzen.

Das Familiensystem ist ein geistiges Feld. Innerhalb dieses geistigen Feldes – so kann man es über das Familien-Stellen erfahren – sind alle mit allen in Resonanz. Dieses Feld ist manchmal in Unordnung. Die Unordnung in einem solchen Feld entsteht, wenn jemand, der auch dazugehört, ausgeschlossen wurde oder abgelehnt oder vergessen. Diese ausgeschlossenen und vergessenen Personen sind mit uns in Resonanz und bringen sich in der Gegenwart zur Geltung. Denn in diesem Feld gilt ein Grundgesetz: *Alle, die dazugehören, haben das gleiche Recht dazuzugehören.* Niemand kann ausgeschlossen werden. Diesem Feld geht niemand verloren, er wirkt in diesem Feld weiter. Wenn er ausgeschlossen wurde, aus was für Gründen auch immer, wird unter dem Einfluss dieses Feldes, über diese Resonanz, ein anderes Mitglied der Familie dazu bestimmt, den Ausgeschlossenen zu vertreten. Dann verhält sich dieses Mitglied, zum Beispiel ein Kind, seltsam. Es wird vielleicht süchtig oder krank oder kriminell oder aggressiv. Es wird vielleicht sogar ein Mörder oder schizophren, was auch immer. Aber wieso? Weil diese Person mit Liebe auf einen Ausgeschlossenen schaut und durch ihr Verhalten uns dazu zwingt, diesen Abgelehnten und Ausgeschlossenen anzuschauen mit Liebe. Dieses so genannte schlimme Verhalten ist Liebe zu jemandem, der in diesem Feld ausgeschlossen wurde.

Statt dass wir nun auf ein solches Kind mit Sorge schauen und es zu verändern suchen, was sowieso nichts hilft, weil größere Kräfte am Werk sind, schauen wir mit diesem Kind auf dieses Feld, dem wir angehören, auf dieses geistige Feld, bis wir unter der Leitung dieses Kindes dorthin schauen können, wo diese ausgeschlossene Person darauf wartet, dass wir sie anschauen und sie zurücknehmen in unsere Seele, in unser Herz, in unsere Familie, in unsere Gruppe, vielleicht auch in unser Volk.

Also, alle Kinder sind gut, wenn wir sie gut sein lassen. Das heißt, wenn wir statt nur auf die Kinder zu schauen dorthin schauen, wohin sie schauen mit Liebe.

Nun ist die große Erfahrung beim Familien-Stellen: Statt dass wir uns um diese Kinder oder andere Personen Sorgen machen und von ihnen denken: »Wie können die sich nur so verhalten?«, schauen wir mit ihnen auf eine ausgeschlossene Person und nehmen sie zu uns herein. Sobald diese Person hereingenommen wird in die Seele der Eltern und der Familie und der Gruppe, atmet das Kind auf und kann endlich von dieser Verstrickung in eine andere Person frei sein.

Wenn wir das wissen, können wir warten, bis wir wissen, wohin uns das Verhalten dieses Kindes führt, wohin es uns als Eltern oder als andere Familienmitglieder führt. Wenn wir mit den Kindern dorthin gehen und die andere Person zu uns hereinnehmen, sind die Kinder erlöst.

Wer ist noch erlöst? Auch wir als Eltern oder als andere Familienmitglieder. Auf einmal werden wir anders oder reicher, weil wir etwas Ausgeschlossenem in uns wieder einen Platz gegeben haben. Alle können sich jetzt, in der Gegenwart, anders verhalten. Mit mehr Liebe, mit mehr Nachsicht, jenseits unserer billigen Unterscheidungen von

Gut und Böse, durch die wir vielleicht meinen, wir seien besser und die anderen seien schlechter, obwohl die anderen, die wir als schlecht anschauen, nur auf eine andere Weise Liebende sind. Wenn wir mit den Kindern dorthin schauen, wo sie lieben, hören diese Unterscheidungen zwischen Gut und Böse auf.

Eine andere Schlussfolgerung ist natürlich, dass auch unsere Eltern gut sind und dass hinter allem, was wir vielleicht an unseren Eltern aussetzen wollen, Liebe wirkt. Diese Liebe geht nicht aber zu uns, sondern woandershin, dorthin, wohin sie als Kinder geschaut haben, zu jemandem, den sie hereinbringen wollten in die Familie. Wenn wir anfangen, allen diesen Ausgeschlossenen in uns Raum zu geben, dann schauen auch wir mit unseren Eltern dorthin, wo sie lieben. Dann werden wir frei, und unsere Eltern werden frei. Auf einmal erfahren wir uns in einer völlig anderen Situation und lernen, was wirkliche Liebe bedeutet.

Alles

Es ist vor kurzem ein neues Buch von mir erschienen: *Wahrheit in Bewegung*. In diesem Buch gibt es einen kleinen Text, der auf einer philosophischen Ebene zusammenfasst, was ich gerade erläutert habe. Der Text heißt »Alles«.

»Alles kann nur alles sein, weil es mit allem verbunden ist. *(Das ist diese Resonanz.)* Daher ist jedes mit allem verbunden. Nichts kann daher einzeln sein. Einzeln ist es nur, weil es mit allem verbunden ist, weil in ihm auch alles andere da ist. *(Also, niemand ist einzeln, auch kein Kind. Wenn wir ein Kind nur einzeln anschauen, verkennen wir, womit es verbunden ist: mit etwas Größerem.)* Daher bin auch ich gleichzeitig alles. Alles kann nicht ohne mich sein, und ich nicht ohne alles. *(Das sind weit tragende Gedanken und Einsichten, mit weit tragenden Schlussfolgerungen.)*

Was heißt das für die Art und Weise, wie ich lebe, die Art und Weise, wie ich fühle, die Art und Weise, wie ich bin? Ich sehe in jedem Menschen alle Menschen und damit in ihnen auch mich. Ich fühle in mir auch alle anderen Menschen, jeden, wie er ist. In jedem Menschen begegnen mir alle Menschen und in ihnen auch ich.

Wie könnte ich daher in ihnen etwas ablehnen, ohne dass ich in ihnen auch mich ablehne? Wie kann ich mich an ihnen freuen, ohne dass ich mich in ihnen auch über mich freue? Wie könnte ich einem anderen Gutes wünschen, ohne es zugleich auch mir und allen anderen Menschen zu wünschen? Wie kann ich mich lieben, ohne auch alle anderen Menschen zu lieben? *(Denn wir sind mit allen in Resonanz.)*

Wer in allen alle sieht, sieht in ihnen auch sich, begegnet in ihnen auch sich, findet in allen auch sich. Wer daher anderen schadet, schadet auch sich. Wer andere verletzt, verletzt auch sich. Wer andere fördert, fördert auch sich. Wer anderen etwas vorenthält, enthält es auch sich vor, und wer sie mindert, mindert auch sich.

Wer andere wirklich liebt, liebt sie alle. Nächstenliebe ist daher zugleich Allesliebe, einschließlich der Liebe zu sich selbst. Sie ist die reine Liebe und die erfüllte Liebe, weil sie in allem alles hat, vor allem auch sich selbst.«

Die Größe

Resonanz heißt am Ende: »Ich liebe alle.« Wenn ich mit jemandem in Zwietracht bin oder jemanden ablehne, falle ich aus der Resonanz mit dem Ganzen heraus und kann mich nicht im Einklang mit dem Ganzen entfalten.

Was ist die Lösung? Alles, was ich ablehne, nehme ich in mein Herz. Damit finde ich zur Allesliebe. Durch sie werde ich groß.

Was heißt hier Größe? Ich anerkenne, dass ich allen anderen Menschen gleich bin, und sie auch mir. Denn dann bin ich mit dem Ganzen verbunden und durch das Ganze groß.

Auf wen schaut unsere Krankheit?

Jetzt können Sie die Augen schließen. Ich mache mit Ihnen eine kleine Meditation, in der wir uns einfühlen können in das, was Resonanz bedeutet und was sie in uns bewirkt.

Wir gehen in unseren Körper und spüren, wo etwas wehtut, wo etwas krank ist, wo etwas nicht funktioniert. Offensichtlich ist das, was wehtut oder nicht funktioniert, in Dissonanz mit unserem Körper. Wir legen uns innerlich neben diesen Schmerz, neben diese Krankheit, neben dieses Organ und spüren mit der Krankheit, mit diesem Organ, mit diesem Schmerz, wohin er blickt. Womit ist diese Krankheit in Resonanz? Mit welcher Person, die vielleicht abgelehnt wurde oder vergessen oder verteufelt oder verurteilt?

Wir warten, bis wir in diese Bewegung eintreten können, bis wir mitschwingen und vielleicht auf einmal sehen, wohin diese Krankheit schaut. Zum Beispiel auf ein Kind, das früh gestorben ist oder das tot geboren wurde oder abgetrieben oder weggegeben. Oder auf jemanden, den wir verurteilt haben als Verbrecher, mit dem wir nichts zu tun haben wollen und mit dem unsere Familie nichts mehr zu tun haben will. Wir schauen auf diese Person als eine von uns und sagen innerlich zu ihr mit der Krankheit: »Ich sehe dich jetzt. Ich bin wie du. Du bist wie ich. Jetzt gebe ich dir einen Platz in meiner Seele und in unserer Familie. Jetzt bist du wieder bei uns da, einer von uns. Du bist nicht besser und nicht schlechter vor einer größeren Kraft, vor der wir alle nur wie Schachfiguren sind, mit der sie auf verschiedene Weise spielt. Wir anerkennen, du bist uns gleich und wir dir.«

Vielleicht können wir noch zu anderen Menschen gehen, die wir abgelehnt haben, auf die wir böse sind vielleicht, an denen wir schuldig wurden oder die an uns schuldig wurden, und sagen zu jedem: »Ja.«

Wir spüren, was sich dabei verändert in unserem Körper und in unserer Seele und in unserer Liebe.

Auf wen haben wir als Kinder geschaut?

Das war jetzt ein erster Schritt, um sich einzufühlen, was Resonanz am Ende bedeutet. Was sie in uns bewirkt und wie wir über die Resonanz etwas völlig anderes erfahren können, etwas, vor dem wir uns vorher verschlossen haben.

Nun einige Schlussfolgerungen. Mit ihnen können wir die Meditation weiterführen. Machen Sie die Augen bitte wieder zu.

Wir schauen auf uns als Kinder, wie wir uns als Kinder verhalten haben. Manchmal auf eine Weise, dass unsere Eltern sich Sorgen um uns gemacht haben. Dass sie vielleicht dachten: »Mit dem Kind stimmt etwas nicht. Wie kann es sich bloß so verhalten? Wie kann es sich zum Beispiel zurückziehen, Angst bekommen, böse werden, ungeduldig sein, nicht mehr lernen wollen, aufgeben, als sei alles hoffnungslos geworden?« Wie immer, wir schauen jetzt auf dieses Kind, das wir einmal waren, und fühlen uns ein: Wohin haben wir als Kind geschaut, als wir uns so gefühlt haben und uns so verhalten haben? Wohin ging die heimliche Liebe? Mit wem waren wir ganz tief in Resonanz? Welche Person hat sich durch uns bemerkbar machen wollen, damit sie endlich angeschaut und geliebt wird?

Wir können dem Vater oder der Mutter oder beiden oder auch anderen sagen: »Bitte. Schaut mit mir dorthin mit Liebe.« Dann können wir anerkennen, wie sehr wir als Kind geliebt haben. Anders vielleicht, als es erwartet wurde, aber tief in Verbindung mit jemand, der nicht dazugehören durfte. Wir spüren, wie gut wir waren und sind.

Auf wen haben unsere Eltern als Kinder geschaut?

Jetzt gehen wir noch einen Schritt weiter. Sie können die Augen wieder zumachen.

Jetzt schauen wir auf unsere Eltern, so wie sie waren. Manches hat uns vielleicht als Kinder gestört, und wir haben uns gewünscht, sie wären anders gewesen. Jetzt schauen wir sie an, wie sie Kinder waren und wohin sie als Kinder geschaut haben. Auf wen haben sie geschaut, auf wen, der ausgeschlossen war oder vergessen? Mit wem waren sie in Resonanz und sind es vielleicht noch? Wie sind sie aus dieser Resonanz, aus dieser tiefen heimlichen Liebe so geworden, wie sie sind? Wir schauen mit ihnen auf diese Person oder diese Personen mit ihrer Liebe und lieben diese Personen, so wie unsere Eltern sie als Kinder geliebt haben, obwohl das alles vielleicht unbewusst war. Diese tiefe Bewegung ging zu jemandem hin, um ihn hereinzuholen. Wir erlauben diesen Personen, dass sie sich auch in uns bemerkbar machen dürfen. Wir schauen sie an und sagen zu ihnen: »Ja. Ich sehe dich. Ich gebe dir auch in meinem Herzen einen Platz mit Liebe.«

Auf wen hat unser Partner als Kind geschaut?

Jetzt gehen wir noch einen Schritt weiter auf gleiche Weise. Machen Sie bitte wieder Ihre Augen zu, wenn Sie wollen. Wir schauen auf unseren Partner oder eine andere Person, die uns nahe steht, mit der wir in Verbindung sind und bleiben wollen. Vielleicht stört uns die eine oder andere Verhaltensweise dieser Person.

Wir erlauben uns jetzt, dorthin zu schauen, wohin sie mit ihrem Verhalten schaut. Auf welche ausgeschlossene und vielleicht abgelehnte und verurteilte Person. Wir schauen mit ihr dorthin mit Liebe.

All das ist Einübung in die Allesliebe. Wir spüren, wie sich dabei etwas verändert in unserer Seele. Wie wir wachsen, wenn wir uns auf diese Bewegung der Liebe einlassen.

Auf wen schauen unsere eigenen Kinder?

Jetzt machen wir noch einen Schritt. Sie können nochmals die Augen zumachen.

Wir schauen jetzt auf unsere Kinder oder, wenn wir keine Kinder haben, auf die Kinder von Verwandten. Vor allem auf jene, um die wir uns Sorgen machen oder die krank sind oder die sich abweisend verhalten. Wir schauen mit ihnen dorthin, wohin sie mit ihrem Verhalten oder mit ihrer Krankheit schauen. Welche Person möchte sich in ihnen in Erinnerung bringen? Mit wem sind sie in Resonanz mit Liebe? Wir schauen mit ihnen dorthin, bis auch wir diese Person oder diese Personen in den Blick bekommen, plötzlich vielleicht, wie wenn man aus einem tiefen Traum erwacht und plötzlich sieht.

Die Allesliebe

Kann jemand noch daran zweifeln, dass alle Kinder gut sind? Wir als Kinder? Unsere Eltern als Kinder? Unsere Partner als Kinder? Und unsere Kinder auch? Alle sind gut. Das ist die Allesliebe. Sie äußert sich in etwas ganz Einfachem, dass wir auf alle schauen und ihnen einen Platz in unserem Herzen geben.

Es gibt eine innere Haltung dazu. Jesus hat das mal in einem Satz gesagt. Es ist ein schöner Satz: »Seid barmherzig wie mein Vater im Himmel. Er lässt die Sonne scheinen über Gute und Böse gleichermaßen, und er lässt regnen über Gerechte und Ungerechte gleichermaßen.« Wieso? Er ist mit allen in Resonanz.

Die Liebe in wachsenden Ringen

Den Weg, den wir hier gegangen sind, kann man nicht abbrechen. Wir sind noch nicht am Ziel. Wir haben erst angefangen, diesen Weg zu gehen. Er ist nämlich ein Lebensweg.

Rilke sagt dazu in seinem *Stundenbuch*:

> *Ich lebe mein Leben in wachsenden Ringen,*
> *die sich über die Dinge ziehn.*
> *Ich werde den letzten vielleicht nicht vollbringen,*
> *aber versuchen will ich ihn.*

Ich habe das für mich ein bisschen abgewandelt.

> *Ich lebe die Liebe in wachsenden Ringen,*
> *die sich über die Dinge ziehn.*
> *Ich werde den letzten, wo ich wirklich alle liebe,*
> *vielleicht nicht vollbringen,*
> *aber versuchen will ich ihn.*

Jeder Schritt auf diesem Weg ist ein Gewinn, an dem wir wachsen und reicher werden.

Das reine Herz

Ich möchte noch etwas nachtragen zur Resonanz. Wenn wir in Resonanz kommen mit Ausgeschlossenen, Abgelehnten, Vergessenen, zum Beispiel mit Opfern oder auch mit denen, die an deren Tod schuldig waren, und wir schauen sie an, ohne etwas zu wollen – wenn wir sie einfach anschauen mit Achtung, auch mit Achtung vor ihrem Schicksal –, dann können sie zur Ruhe kommen, ohne dass wir sie in uns hineinnehmen. Deswegen geht am Ende, bei der Allesliebe, der Blick weg von allen auf etwas über sie hinaus. Erst in diesem gemeinsamen Blick darüber hinaus sind alle gleich, sind wir mit allen gleich und sind zugleich frei für unser persönliches Schicksal und unsere persönliche Erfüllung. In diesem Blick werden wir gelassen, und wir werden frei.

Ich bringe hier einen Text, der das zusammenfasst und uns hilft, uns in das einzufühlen. Er heißt »Das reine Herz«.

»Wie wird unser Herz rein? Indem wir jeden Menschen, dem wir begegnet sind, vor allem jene, die uns nahe stehen, aus diesem entlassen. Wir entlassen jeden zu jemandem anders: zu seinen Eltern, zu seinem Partner, zu seinen Kindern, zu seinem Schicksal.

Wie wirkt sich das aus? Er wird von uns frei. Frei von unseren Wünschen und Erwartungen, frei von unseren Sorgen, frei von unseren Gedanken, frei von unserem Urteil und von unserem Schicksal.

Auch wir selbst werden von ihm frei. Frei von seinen

Wünschen und Erwartungen, frei von seinen Sorgen, frei von seinen Gedanken, von seinem Urteil und seinem Schicksal. Wir werden auch frei von seiner Schuld, von dem, was er uns vielleicht angetan hat.

Umgekehrt wird auch er frei von unserer Schuld und dem, was wir ihm vielleicht zugefügt und angetan haben. Und wir werden frei von unseren Ansprüchen aneinander, er von meinen und ich von seinen.

Sind wir dann gefühllos? Sind wir dann auch ohne Liebe? Im Gegenteil. Das reine Herz fühlt rein. Das reine Herz liebt rein.

Rein heißt hier, im Einklang mit unserem letzten Ursprung sein, seinem und meinem. Rein sein wie die Liebe des Ursprungs, wenn wir hier überhaupt von Liebe sprechen dürfen. Diese Liebe ist das Wollen des anderen, wie er ist, die Liebe zu seinem Anfang und auch zu seinem Ende.

Das ist die reine Liebe und auch die reine Freude. Sie verbindet, ohne zu verbinden, und trennt, ohne zu trennen. Sie ist einfach da.

Das reine Herz weiß aber auch um seine Abhängigkeit von anderen und stimmt ihr zu. Es weiß auch um die Abhängigkeit anderer von ihm und stimmt ihr zu. Auch darin ist das Herz rein.«

Gehen mit dem Geist

Sehr viele Beziehungen laufen auf einer emotionalen Ebene ab, vordergründig von eins zu eins, von Ich und Du. Sie sind daher vielleicht völlig getrennt und abgeschnitten von den großen Zusammenhängen.

Um wirklich zu verstehen, was zwischen uns in Beziehungen abläuft, müssen wir den Einzelnen in seiner Familie sehen. Manchmal fällt es uns gar nicht so leicht, aus dem alten Muster von Ich und Du herauszutreten und einen Menschen, wenn wir ihm begegnen, sofort eingebettet in etwas Größerem wahrzunehmen. Dann sehen wir mit ihm zugleich auch seine Mutter und seinen Vater und seine Ahnen und sein Schicksal, und wir spüren auch hinter uns gleichzeitig unsere Eltern und unsere Ahnen und unser Schicksal.

Auf einmal wirkt etwas durch uns hindurch, was nicht wir selbst sind, sondern es wirkt ein ganzes Feld durch uns und sucht etwas durch uns. In der Begegnung mit dem anderen begegnen sich zwei geistige Felder und treten miteinander in einen geistigen Austausch. Der andere und ich sind also nur Teil eines viel größeren Zusammenhangs.

Darüber hinaus gibt es noch eine andere Dimension, eine geistige Dimension. Damit ist nicht unser menschlicher Geist gemeint oder unsere Vernunft. Denn hinter allem, was sich bewegt, also vor allem hinter allem Leben, wirkt eine Kraft, die uns verborgen bleibt und die wir nicht fassen können. Die aber alles bestimmt.

Eine der großen Illusionen in der Art und Weise, wie wir miteinander umgehen, ist, dass wir dem Einzelnen eine Macht zuschreiben und eine Freiheit, die er nicht besitzt. Denn durch ihn wirkt etwas anderes, eine andere Kraft, eine geistige Kraft.

Diese geistige Kraft ist also etwas, das wir in unserer Vorstellung vielleicht nahe an das Göttliche rücken, das aber keinesfalls mit ihm identifiziert werden kann. Denn das Göttliche bleibt uns verborgen. Diese Kräfte aber sind für uns spürbar und erfahrbar.

Wenn wir uns vorstellen, dass hinter allem eine Kraft wirkt, die alles bewegt und von der alles abhängt, dann kann nichts, was geschieht, gegen diese Kraft sein. Umgekehrt kann auch diese Kraft nicht gegen etwas sein, was immer auch geschieht. Diese Kraft ist also allem gleichermaßen zugewandt. So wenigstens müssen wir uns das vorstellen.

Was heißt daher »Gehen mit dem Geist«? Es heißt, dass wir uns in die Bewegung des Geistes einschwingen, bis wir von ihr erfasst werden und mit ihr gehen. Wie gelingt uns das Einschwingen in diese Bewegung? Durch die Allesliebe. Indem wir mit dieser Bewegung allen gleichermaßen zugewandt sind.

Hier begeben wir uns auf eine völlig andere Ebene, und hier wirkt eine völlig andere Kraft.

Der Wesenskern

Ich habe einen Freund in Polen, Wojtek Eichelberger. Als ich das letzte Mal in Polen war, hat er mir erzählt, wie er Menschen aus verfeindeten Gruppen zusammenführt, zum Beispiel Israelis und Palästinenser. Er sagte, es laufe wunderbar. Nach kurzer Zeit waren sie ein Herz und eine Seele und ein Geist. Ich habe ihn gefragt: »Wie hast du das zustande gebracht?« Er sagte: »Ganz einfach. Ich habe mit ihnen eine Übung gemacht.« Diese Übung können auch wir jetzt miteinander machen.

Wir stellen uns vor, was wir loslassen können, ohne dass es uns vom Wesentlichen etwas wegnimmt. Zum Beispiel lassen wir unsere Sprache los. Auch ohne unsere Muttersprache und mit einer anderen Sprache bleiben wir, wer wir sind. Vom Wesentlichen fehlt uns nichts.

Dann lassen wir die Kultur los, der wir angehören – oder unsere Religion – oder unsere Erfolge – oder unsere Misserfolge – selbst unsere Eltern. Auf einmal sind wir bei etwas ganz Wesentlichem und Einfachem angekommen, dem reinen Da-Sein. Das allein ist wesentlich. Nichts kann ihm etwas hinzufügen, nichts kann ihm etwas wegnehmen. Es ist unser Wesenskern.

Dann schauen wir auf einen anderen Menschen, aber nur auf seinen Wesenskern, auf sein reines Da-Sein. Wir begegnen uns von Da-Sein zu Da-Sein. Nichts kann dann zwischen uns treten. In unserem Da-Sein, in unserem Wesenskern, sind wir gleich wesentlich. Mein Freund nannte das auf Englisch – denn wir haben Englisch gesprochen – »core identity«.

Wir können das Gleiche auch auf unsere Eltern beziehen. Wir schauen auf unsere Eltern, auf ihr reines Da-Sein, von unserem reinen Da-Sein auf ihr reines Da-Sein. Was ist dann verändert?

Wir machen es auch mit unserem Partner und anderen Menschen, mit denen wir zu tun haben. Wir schauen auf das reine Da-Sein und begegnen ihnen von Da-Sein zu Da-Sein. Wie anders wird alles, wie viel gelassener, bescheidener und völlig zurückhaltend! Was wollen wir zum Da-Sein noch hinzufügen?

So schauen wir auch auf unsere Kinder, auf ihr reines Da-Sein. Sind sie nicht alle wundervoll, in ihrem reinen Da-Sein?

Das also heißt »Gehen mit dem Geist«.

Die Freude des Geistes

Zuerst möchte ich noch kurz auf das Gewissen zu sprechen kommen. Mit Hilfe unseres Gewissens nehmen wir unmittelbar wahr, ob wir dazugehören dürfen oder nicht. Wir nehmen es wahr durch ein Gefühl der Schuld oder der Unschuld, oder, anders gesagt, mit gutem Gewissen und mit schlechtem Gewissen. Mit Hilfe dieser Gefühle orientieren wir uns, ob wir dazugehören dürfen oder nicht.

Wenn wir uns einstellen auf die Bewegungen des Geistes, können wir auch durch bestimmte Gefühle unterscheiden, ob wir mit der Bewegung des Geistes gehen oder nicht, ob wir von ihr abweichen oder nicht.

Wenn wir im Einklang sind mit dem Geist und mit der Bewegung des Geistes, fühlen wir uns gelassen und ruhig. Wenn wir von diesem Einklang abweichen oder ihn verlieren, werden wir unruhig. Wir werden zum Beispiel eifrig oder bekommen Angst. Sobald wir in die Bewegung des Geistes zurückfinden, fühlen wir uns wieder in Ruhe, friedlich, leicht und heiter.

Die Freude des Geistes ist eine leichte Freude. Sie hat auch keine Absicht. Sie ist Schwingen mit dem Geist und mit einer schöpferischen Bewegung, die immer Neues vollbringt. Sobald wir uns schwer fühlen oder niedergedrückt, haben wir die Verbindung mit dem Geist verloren. Die Freude des Geistes ist heiter und leicht.

Gehen mit dem Geist, wenn es Probleme gibt

Wir erlauben uns jetzt, unsere Probleme anzuschauen, eines nach dem anderen, und zu spüren, welche Bewegung von ihnen ausgeht, wenn wir sie anschauen. Dann, während wir das Problem anschauen, gehen wir mit dem Geist in die Weite und in die Leichtigkeit seiner Bewegung – und in die Freude. Angesichts des Problems, wie es ist, wie drängend es sich auch darstellen mag, erlauben wir dem Geist, dass er von uns Besitz nimmt und uns in eine Bewegung bringt weit weg über das Problem hinaus, in eine Leichtigkeit, in eine Weite, in eine andere Liebe, in gelassenes Vertrauen und in die Freude.

Gehen mit dem Geist, wenn wir krank sind

Jetzt schauen wir auf etwas, das wehtut, eine Krankheit vielleicht. Wir gehen in die gleiche Bewegung. Wir gehen in die Weite, in die Ferne, in die Liebe, in die Leichtigkeit – und in die Freude.

Gehen mit dem Geist, wenn wir böse sind

Ich führe das noch ein bisschen weiter. Da ist jemand, auf den wir böse sind, oder jemand, der uns böse ist. Wir treten etwas zurück, damit wir Abstand gewinnen von dieser Person. Vielleicht ist es sogar ein Partner oder ein Kind, wie auch immer. Wir legen zwischen diese Person und uns eine gewisse Distanz. Dann schauen wir die Person an mit der Bewegung des Geistes. Wir spüren, wie der Geist sich dorthin bewegt, wie der Geist dorthin schaut. Wir gehen in die Leichtigkeit des Geistes, in seine Weite, und spüren, was sich verändert. Und wir gehen in die Heiterkeit und in die Freude über alles, wie es ist. Doch auf Distanz, ohne Absicht und ohne Furcht.

Wir spüren vielleicht auch den fälligen Verzicht von etwas. Wir schauen es an und lassen es gehen mit Liebe, leicht, gelassen, bis es abfällt und die Bewegung des Geistes uns zu etwas Neuem hinführt, völlig anders, größer, reicher, weiter, wohlwollend.

Die wahre Liebe

Ich möchte noch etwas sagen über die wahre Liebe. Was ist das tiefste Geheimnis der Liebe? Die wahre Liebe freut sich.

Beispiel: »Ich bleibe bei dir«

HELFER Es geht um einen Jungen, der zwölf Jahre alt ist und den Eltern und den Lehrern entgleitet. Sein Verhalten ist chaotisch und aggressiv. Sein Vater ist krank.

HELLINGER Was ist die Krankheit?

HELFER Offene Beine und zu hoher Blutdruck.

HELLINGER *zur Gruppe* Wenn wir uns das vorstellen, was er geschildert hat: Wohin schaut der Junge? Wohin geht seine Liebe?

HELFER Zum Vater.

HELLINGER Das ist doch ganz klar.

nach einiger Überlegung Wenn wir dem nachspüren, was ist der Satz, den er innerlich sagt? Er sagt dem Papa: »Ich bleibe bei dir.«

Was sagt der Papa ihm? »Ich freue mich über dich.«

Was sagst du als sein Lehrer? »Ich sehe deine Liebe und freue mich darüber.«

Jetzt hast du den Vater in deinem Herzen, das kann man sofort sehen. Wenn du ihn im Herzen hast, weißt du, wo der Junge aufgehoben ist. Okay?

HELFER Ja.

HELLINGER Gut.

Der Anfang der Liebe

Wir leben die Liebe in wachsenden Ringen. Wenn der erste Ring nicht gelungen ist, fehlt etwas auch am zweiten. Wenn beide nicht gelungen sind, fehlt etwas auch am dritten.

Was ist der dritte Ring? Die Liebe zwischen Mann und Frau. Diesem Ring geht also etwas voraus.

Der vierte Ring ist die Liebe, die uns befähigt, anderen auf gute Weise zu helfen.

Wir gehen jetzt zurück zum ersten Ring, zur Grundlage der Liebe.

Unser Leben begann mit der Liebe unserer Eltern. Bevor wir geboren wurden, haben sie sich geliebt und sind in Liebe Mann und Frau geworden – auf innigste Weise. Aus dieser Liebe sind wir entstanden. Wir schauen auf sie als ein Paar und auf ihre Liebe als Mann und Frau. Unsere Augen beginnen zu leuchten. Was könnte schöner sein, größer, tiefer, reicher und folgenreicher für sie und für uns? Wir öffnen unser Herz für diese Liebe und antworten ihr mit Freude und mit Erwartung.

Damit begann auch unsere Liebe. Durch die Liebe dieser Eltern, unserer Eltern. Wir antworten dieser Liebe, indem wir unser Leben von ihnen nehmen – ganz, so wie es von ihnen zu uns gekommen ist. Es ist nicht ihr Leben, es kommt nur durch sie. Denn hinter ihnen stehen ihre Eltern und deren Eltern und deren Eltern, viele Generationen. Durch alle diese Generationen ist dieses Leben geflossen, rein, ohne dass jemand etwas wegnehmen konnte oder ihm etwas hinzufügen konnte. Das gleiche Leben fließt durch sie alle bis auf uns. Alle haben es richtig gemacht. Keiner war dabei schlechter, keiner war dabei besser. In der Weitergabe des Lebens waren sie alle vollkommen und gut.

So schauen wir jetzt auf unsere Eltern, wie sie sind, und sehen sie vollkommen, vollkommen im Dienst des Lebens. Was immer sie sonst getan haben oder gedacht haben und was immer sonst ihr Schicksal war, als unsere Eltern haben sie alles richtig gemacht. In der Weitergabe des Lebens waren sie vollkommen. Als diese vollkommenen Eltern, die alles richtig gemacht haben, nehmen wir sie in unser Herz und antworten ihnen mit dem Leben und mit der Liebe, die durch sie für uns begannen.

Mit unseren Eltern nehmen wir auch ihre Eltern und

alle unsere Ahnen und alle, mit denen wir in Resonanz sind und sie mit uns, was immer es uns auch abverlangt und schenkt. Wir schauen sie alle an und sagen zu jedem: »Ja.« Wir sagen auch zu jedem: »Danke.« Wir schwimmen mit ihnen im großen Strom des Lebens, wo immer er uns auch hinführt und hintreibt. Wir sagen zu diesem Strom: »Ich schwimme mit, wohin du mich auch trägst, wie weit oder wie nah. Ich schwimme mit. Ich treibe mit.«

WACHSE UND GEDEIHE, LIEBES KIND

Aus einem Kurs in Idstein 2004

Beispiel: Die Zustimmung

HELLINGER *zu einer Frau* Du bist ein bisschen vorsichtig mit mir. Vielleicht mit Grund. Ich verbünde mich mit deinem Schicksal und stimme ihm zu.

zur Gruppe Was passiert, wenn wir dem Schicksal zustimmen, unserem und dem Schicksal eines Menschen, dem wir begegnen, wie ich jetzt ihr? Dann kommt vom Schicksal her manchmal ein Hinweis, sodass im Einklang mit dem Schicksal etwas gewendet werden kann.

zur Frau Ob es aber bei dir möglich ist? Um was geht es?

FRAU Um meinen Sohn.

HELLINGER Was ist mit ihm?

FRAU Er ist aufgeregt. Also ruhelos und sehr aktiv.

HELLINGER Wie alt ist er?

FRAU Zwölf.

HELLINGER Was ist mit seinem Vater?

FRAU Er hat seinen Vater zehn Jahre lang nicht gesehen. Der Vater ist alkoholkrank. Vor vier Jahren hatte ich den letzten Kontakt. Da habe ich ihn einmal aufgesucht. Er war mittlerweile auch obdachlos geworden. Diese Situation belastet mich.

HELLINGER Was wäre jetzt für dich die volle Zustimmung? Es wäre die Zustimmung auch zu deines Sohnes Obdachlosigkeit.

FRAU Das ist schwer.

HELLINGER Ich habe gesehen, dass du es verstanden hast. Was passiert mit ihm, wenn du ihm so zustimmst? Wird er stärker oder schwächer?

FRAU Stärker.

HELLINGER Stärker. Wird er ruhiger oder unruhiger?

FRAU Ruhiger.

HELLINGER Genau. Wenn du ihm sagst: »Ich habe deinen Vater sehr geliebt«, was passiert mit ihm?

FRAU Er findet zu sich.

HELLINGER Genau. Und wenn du ihm sagst: »In meinem Herzen liebe ich deinen Vater immer noch«?

FRAU Das ist gut.

HELLINGER Und »Wenn ich dich sehe, liebe ich in dir deinen Vater«?

FRAU Das ist schön.

HELLINGER Genau. Mehr brauche ich nicht zu tun.

Beide lachen sich an.

FRAU Das war ja ganz einfach.

HELLINGER Genau. Dann alles Gute euch.

Glückliche Kinder

Was macht Kinder glücklich? Wenn ihre Eltern über sie glücklich sind. Und zwar beide Eltern. Wann sind beide Eltern glücklich über das Kind? Wenn sie im Kind den anderen Partner, den Mann oder die Frau, achten, lieben und sich über ihn freuen.

Wir reden viel über die Liebe. Aber wie zeigt sich die Liebe am schönsten? Wenn ich mich über den anderen freue, und zwar genau so, wie er ist. Und wenn man sich über das Kind freut, genau so, wie es ist.

Dann ist es so, dass die Eltern aus der erfahrenen Macht

über das Kind diese Macht als Auftrag erleben – vor allem die Mütter erfahren diese Macht ganz tief, indem sie ja so lange in Symbiose mit dem Kind leben. Sie erfahren diese Macht nicht mehr als eigene Macht, sondern eine im Dienst des Kindes für eine Zeit.

Vor einiger Zeit war ich bei einem Kurs, in dem eine Frau mit einem fünf Monate alten Kind dabei war, das sie vor ihrer Brust hielt. Sie saß neben mir. Ich habe ihr gesagt: »Schau über das Kind hinaus, auf etwas hinter ihm.« Dann hat sie über das Kind hinausgeschaut. Das Kind hat tief aufgeatmet und zu mir herübergelächelt. Es wurde glücklich.

Also, in diesem Bezug über uns hinaus sind beide freier, sowohl die Eltern als auch das Kind. Beide können sich mehr ihrer Bestimmung fügen und sich an ihrer Bestimmung freuen. Beide lassen den anderen auf diese Weise auch – so weit als notwendig – los.

Beispiel: »Mama, bitte bleib«

HELLINGER *zu einem Elternpaar* Um was geht es?

FRAU Es geht um unseren Sohn und um uns.

HELLINGER Was ist mit dem Sohn?

FRAU Er ist als ADHS-Kind diagnostiziert. *(Aufmerksam-keitsdefizit-Hyperaktivitätsstörung)*

HELLINGER Wie alt ist er?

FRAU Sechs Jahre.

HELLINGER *zur Gruppe* Wenn wir dieses System auf uns wirken lassen, den Mann, die Frau und den Sohn, mit wem muss ich beginnen, damit ich gleich zur Sache komme?

Die Frau zeigt auf sich.

HELLINGER Bei der Mutter, ganz klar.

Hellinger wählt eine Stellvertreterin für die Frau und bittet sie, sich hinzustellen.

HELLINGER *nach einer Weile, als die Frau unruhig wird* Bleib so, du bekommst die volle Zeit.

Hellinger stellt ihr einen Stellvertreter für den Sohn gegenüber.

HELLINGER *nach einer Weile zum Sohn* Sag deiner Mutter: »Mama, bitte bleib.«
SOHN Mama, bitte bleib.

Die Stellvertreterin der Frau geht langsam zurück. Der Sohn geht einen Schritt auf sie zu. Die Frau schaut auf einen bestimmten Punkt an der Seite. Hellinger stellt einen Mann an diesen Platz. Es wird aber nicht gesagt, wen er vertritt. Der Sohn atmet auf und wendet sich dem Mann zu.

HELLINGER *zur Gruppe* Als dieser Mann hinzukam, hat der Sohn sofort aufgeatmet.

Nach einer Weile geht der Mann einen kleinen Schritt nach vorn und schaut auf den Boden. Hellinger wählt eine Stellvertreterin für eine Tote und lässt sie sich vor ihn mit dem Rücken auf den Boden legen.
  Die Frau geht langsam auf die Tote zu, kniet sich zu ihr und berührt sie. Der Mann schaut von oben auf die Tote.

HELLINGER *zum Sohn* Wie geht es dir jetzt?
SOHN Jetzt werde ich ganz ruhig. Es ist das erste Mal, dass ich ganz ruhig bin.

HELLINGER *zu den Stellvertretern* Okay, das genügt schon. Danke euch allen.

Die Unruhe

HELLINGER *zur Gruppe* Die Unruhe, die ein Kind zeigt, ist oft eine Unruhe hin zu einem Toten, der nicht angeschaut wird. Wer das hier ist, wissen wir nicht. Wir brauchen es auch nicht zu wissen. Oft ist es auch ein abgetriebenes Kind. Aber wir brauchen nicht nachzuforschen. Wir brauchen auch nicht noch mehr zu machen. Es ist etwas ans Licht gekommen. Dadurch beginnt für alle Beteiligten eine Bewegung in der Seele. Das genügt völlig. Niemand darf da von außen eingreifen, zum Beispiel durch Neugierde.

zu den Eltern Ich vertraue, dass das, was hier abgelaufen ist, sich gut auf den Sohn auswirken wird. Da lasse ich es. Alles Gute euch.

Das Leben

Ich möchte noch allgemein etwas über das Leben sagen.

Das Leben hat uns. Es benutzt uns und nimmt von uns Besitz. Es bewirkt etwas für uns und geht dann weiter. Wenn sich Eltern in das hineinfühlen, bleiben sie durchlässig. Denn das Leben fließt durch uns hindurch. Aber nicht ganz, es hält uns ja auch fest. Wir haben vom Leben nur einen Teil.

Das Leben fließt hinüber auf die Kinder, aber es ist nicht unser Leben, das die Kinder haben. Doch das Leben erreicht sie durch die Eltern auf eine besondere Weise. Darum ist jedes Kind auch verschieden, weil das Leben es auf eine besondere Weise in Besitz nimmt. Auch durch die

Kinder fließt das Leben weiter. Von weit her war es genauso. Es kam zu uns von unseren Eltern und Großeltern und Urgroßeltern.

Im Dienst des Lebens stehen heißt, dass wir uns diesem Strom überlassen, dass wir selbst zurücktreten und von diesem Strom erfasst etwas bewirken. Wie bewirken wir etwas? Vor allem bewirken die Eltern etwas, indem sie Kinder bekommen, sie für viele Jahre nähren und in Obhut nehmen und sie dann in den Strom des Lebens entlassen.

Lehrer machen das Gleiche. Das Leben fließt durch sie hindurch und erreicht die Kinder auch auf eine besondere Weise. Sie sehen, diese Kinder gehören weder ihren Eltern noch den Lehrern, sondern dem Leben. Was immer sie vermitteln, dient dem Leben, das diese Kinder weitergeben. Auf einmal sind wir alle im gleichen großen Strom des Lebens, werden von ihm getragen, paddeln ein bisschen für uns selbst, aber es ist nicht so bedeutsam. So fließt das Leben weiter.

In unserer Arbeit als Lehrer, Erzieher, Helfer, Psychotherapeuten, wie auch immer, können wir uns auf diesen Strom verlassen. Gleichzeitig können wir noch über das Nahe hinausgehen in eine geistige Dimension und kommen in Verbindung mit dem Ursprung des Lebens, mit dem Urgrund. Dort erscheint auf einmal alles noch einmal anders. Auf einmal wirkt in allem, was wir sehen, sei es gut oder schlimm, so oder so, eine höhere Kraft. Mit ihr verbunden schauen wir auf alles, wie es ist, gelassen und mit äußerster Ehrfurcht. Erst wenn wir dies erreicht haben, sind wir ohne Sorge, ohne Absicht, mit allem verbunden und dennoch im Innersten frei.

Behinderte Kinder

Die Seele ist immer vollkommen. Sie hat immer den vollen Glanz und scheint auch durch eine Behinderung durch. Wenn Eltern ein behindertes Kind haben, überlegen sie oft, ob sie etwas falsch gemacht haben. Dann schauen sie mehr auf sich als auf das behinderte Kind. Die Behinderung ist ein Schicksal für alle Betroffenen: nicht nur für das Kind, sondern auch für seine Eltern und Geschwister.

Wenn wir einer solchen Familie begegnen, werden wir mit den Tiefen des Lebens auf eine besondere Weise verbunden, auch mit seinem Ernst und seinem Risiko.

Manche Eltern fürchten, dass die gesunden Kinder durch das behinderte Kind belastet werden. Durch das behinderte Kind sind sie in der Regel nicht belastet. Die gesunden Kinder haben gegenüber dem behinderten Kind meist ein sehr warmes Gefühl, wenn das in der Familie erlaubt ist. Wir sehen bei ihnen aber oft, dass sie sich nicht zutrauen, ihr Leben voll zu nehmen, weil neben ihnen ein Geschwister behindert ist.

Es gibt dafür eine gute Lösung. Die gesunden Kinder sagen dem behinderten Kind innerlich – sie brauchen es nicht laut zu sagen, aber von der Haltung her –: »Wir verneigen uns vor deinem Schicksal. Du bist behindert, wir sind gesund. Wir nehmen unser Schicksal, wie es uns geschenkt ist. Aber du sollst daran Anteil haben. Wir machen etwas daraus, und wenn du uns brauchst, sind wir für dich da.« Dann können sie voll nehmen, dass sie gesund sind. Allen geht es dabei gut: dem behinderten Kind geht es gut, den gesunden Kindern geht es gut, und den Eltern geht es auch gut.

Noch etwas für die Eltern eines behinderten Kindes. Sie sagen dem Kind: »Du bist unser Kind, wir sind deine Eltern. Wir haben dich gewollt und wir stehen zu dir mit Liebe.« Dann schauen sie sich an und sagen sich gegenseitig: »Es ist unser Kind, wir tragen, was es von uns fordert, gemeinsam.« Dann fließt die Liebe zwischen den Eltern frei, und die Belastung ist bei weitem nicht mehr die gleiche wie vorher. Sie können sie leichter tragen.

Das Glück

Nichts ist schwerer zu ertragen als das Glück. Das Unglück können viele leicht ertragen, aber das Glück? Ich kann erklären, warum. Die meisten fühlen sich, wenn sie unglücklich sind, durch ihr Unglück mit ihrer Familie verbunden. Sie fühlen sich dabei unschuldig und haben ein gutes Gewissen. Das gute Gewissen im Unglück ist für sie ein großer Trost. Wenn aber jemand glücklich wird, obwohl andere in seiner Familie leiden, hat er oft ein schlechtes Gewissen. Dann versucht er manchmal alles, damit er wieder unglücklich wird, und ist dann im Unglück glücklich.

Also, wer glücklich ist, oder wer einen Vorteil hat, während andere um ihn herum unglücklich sind und einen Nachteil haben, fühlt sich ihnen gegenüber schuldig. Er fühlt sich aber auch dem Schicksal gegenüber schuldig oder gegenüber Gott. Wenn einer glücklich wird, zum Beispiel wenn er aus einer schweren Krankheit errettet wurde: Was macht er, wenn er fromm ist? Er bringt Gott ein Opfer dar, damit er für sein Glück bezahlt. Viele meinen, je mehr sie für ihr Glück bezahlen, desto glücklicher werden sie. Ich habe das aber noch nicht gesehen. Wer viel bezahlt hat, hat viel verloren, aber kaum etwas gewonnen, außer dass er sich dadurch unschuldig fühlt.

Was muss man also tun, damit man das Glück behalten kann? Erstens, man dankt. Denn das meiste Glück ist unverdient, es ist ein Geschenk. Es einfach als ein Geschenk zu nehmen ohne eine Gegenleistung, das fällt schwer. Es fällt uns leichter, es zu nehmen, wenn wir es nehmen mit Dank.

Damit wir uns trauen, das Glück zu behalten, müssen wir noch etwas tun. Wir müssen andere daran Anteil nehmen lassen. Man gibt also vom Glück etwas weiter. Dadurch werden andere auch glücklich. Auf diese Weise wächst das Glück – und es kann bleiben. Das ist eines der Geheimnisse des Glücks.

Wenn in einer Familie ein Kind behindert ist und die anderen Kinder gesund sind, meinen die gesunden Kinder oft, sie dürften das Glück ihrer Gesundheit nicht nehmen, weil ein Geschwister krank ist. Sie meinen, wenn auch sie krank werden oder sich einschränken, geht es dem kranken Geschwister besser, so nach der Vorstellung: Zwei Unglückliche sind besser als einer.

Was wäre hier die Lösung? Die gesunden Geschwister sagen dem behinderten: »Du bist krank, wir sind gesund. Wir haben einen Vorteil dadurch, dass wir gesund sind. Wir machen etwas mit unserer Gesundheit, etwas Großes, und lassen dich daran Anteil nehmen. Wenn du uns später brauchst, sind wir für dich da.« Dann fühlt sich das behinderte Geschwister auch glücklich.

KINDER, ELTERN UND LEHRER

Aus einem Kurs in Mexiko 2003

Die Achtung vor den Eltern, wie sie sind

Ich möchte etwas über Kinder sagen und über ihre Eltern und Lehrer. Ich war auch einmal ein Lehrer. Ich habe in Südafrika eine große Schule geleitet. Deswegen weiß ich, wie es Lehrern geht und wie es Schülern geht und wie es denen geht, die eine Schule in Einklang mit den Eltern der Kinder leiten müssen.

Ein Lehrer kommt zu den Eltern und Kindern als Letzter hinzu. Vor ihm kamen die Eltern und die Kinder. Die Eltern haben ihren Kindern das Leben gegeben. Das ist der größte Dienst, den ein Mensch leisten kann. Der Lehrer unterstützt die Eltern dabei. Wenn er die Schüler sieht, sieht er hinter ihnen auch ihre Eltern. Er nimmt ihre Eltern in sein Herz, wie immer sie sind. Denn alle Eltern sind vollkommen. Als Eltern sind sie vollkommen. In der Weitergabe des Lebens haben sie alles richtig gemacht. Sie haben nichts zurückgehalten, sie konnten auch nichts hinzufügen. Sie haben weitergegeben, was sie empfangen haben. In dieser Hinsicht gibt es nur vollkommene Eltern.

Manche Eltern haben Schwierigkeiten bei der Erziehung ihrer Kinder. Das kommt daher, dass auch sie aus einer Familie kommen, in der es Schwierigkeiten gab. Dennoch, wo immer Kinder eine Familie verlassen und selbst eine Familie gründen, kommen sie aus einer Familie, die es richtig gemacht hat. Diese Familie hat es vielleicht anders gemacht als andere Familien. Denn die Familien sind unterschiedlich. Sie sind aber auf ihre Weise alle richtig. Daher wird ein Lehrer, wenn er einem Kind begegnet, auch das Besondere seiner Familie ehren, ohne die Vorstellung, dass sie anders sein müssten, als sie sind.

Wenn wir auf das Leben schauen, sehen wir, dass es vielfältig ist. Nicht nur ist jeder Mensch von anderen Menschen verschieden, auch jede Familie ist von anderen Familien verschieden. Aber jede Familie vermittelt den Kindern etwas Besonderes.

Manche Lehrer und auch Eltern haben die Vorstellung, als gäbe es eine ideale Familie und die anderen Familien müssten sich nach dieser Vorstellung richten. Doch in einer Familie, die wir vielleicht als schwierig betrachten und in der auch die Kinder Belastendes erfahren, gibt das Schwierige und das Belastende den Kindern eine besondere Kraft. Es gibt ihnen eine Kraft, die Kinder, die aus einer idealen Familie kommen, nicht haben können. Daher ist die Grundhaltung, die dem Leben am meisten dient, jene, dass wir allem zustimmen, wie es ist, ohne das Verlangen, etwas zu ändern.

Wenn ich einem Schüler oder einem Kind mit dieser Haltung begegne, brauchen sie vor mir keine Angst zu haben, zum Beispiel die Angst, dass ich etwas an ihrer Familie ändern will oder dass ich vielleicht an ihr etwas kritisiere.

Beispiel: »Liebe Mama, ich sterbe an deiner Stelle«

Hellinger bittet die Eltern eines Jungen, die sagen, dass ihr Sohn in der Schule nicht mehr lernen will, sich neben ihn zu setzen.

115

HELLINGER *zur Gruppe* Ich habe vorhin mit diesen Eltern gesprochen. Sie haben mir gesagt, dass sie geschieden sind. Dort sitzt ihr Sohn, von dem sie sagen, dass sie Schwierigkeiten mit ihm haben. Aber Kinder sind niemals schwierig, wisst ihr das? Es gibt keine schwierigen Kinder. Das, was als schwierig erscheint, ist eine besondere Liebe im Kind. Das Kind, das Schwierigkeiten macht, ist nämlich mit jemandem verbunden, der in der Familie keinen Platz hat. Deswegen schaue ich auch hier nicht auf den Sohn. Ich habe ihn auf seinem Platz sitzen lassen. Ich will zuerst mit den Eltern reden, um herauszufinden, wen das Kind heimlich liebt. Dann können die Eltern das Kind anders sehen. Und auch das Kind kann sich anders sehen.

Die Eltern nicken.

HELLINGER *zu den Eltern* Ich habe euren Sohn gleich gemocht.

Die Eltern strahlen. Der Vater schaut zum Sohn hinüber und klopft sich auf die Brust.

HELLINGER Ich habe den Vater auch gemocht. Und die Mutter? Ich sehe, sie hat Schwierigkeiten. Welcher Art, wissen wir nicht.
zur Gruppe Ich demonstriere, wie man hier vorgehen kann.

Hellinger wählt eine Stellvertreterin für die Mutter und stellt sie auf.

HELLINGER *zu dieser Stellvertreterin* Du vertrittst die Mutter. Lass geschehen, was in deinem Körper geschieht. Wir schauen einfach zu.

*Die Stellvertreterin der Mutter atmet schwer. Sie legt eine Hand
an ihre Brust und beginnt zu zittern. Dabei schaut sie auf den
Boden.*

*Hellinger wählt eine Stellvertreterin für eine Tote und bittet
sie, sich vor die Stellvertreterin der Mutter mit dem Rücken auf
den Boden zu legen.*

Die Stellvertreterin der Mutter ballt die Fäuste.

HELLINGER *zur Gruppe* Schaut auf ihre Hände.

*Die Stellvertreterin der Mutter fasst sich an die Brust, als habe
sie große Schmerzen.*

*Hellinger ruft nun den Sohn und bittet ihn, sich neben die
Person auf dem Boden zu legen. Die Stellvertreterin der Mutter
tritt mehrere Schritte zurück. Sie lässt die Fäuste los, fasst sich
aber weiterhin an die Brust, als habe sie starke Schmerzen.
Dabei atmet sie schwer und krümmt sich.*

HELLINGER *zur Stellvertreterin der Mutter* Geht es dir besser oder schlechter, seit dein Sohn dort liegt?

STELLVERTRETERIN DER MUTTER *kann kaum sprechen* Ich
habe Schmerzen.

HELLINGER *als diese etwas sagen will* Nichts sagen. Geh
näher heran.

*Sie geht unter großen Schmerzen gebückt näher zu der Frau
am Boden.*

HELLINGER Schau hin.

*Die Stellvertreterin der Mutter windet sich unter großen
Schmerzen und geht langsam wieder zurück. Dann richtet sie
sich etwas auf.*

HELLINGER *zum Sohn auf dem Boden* Wie geht es dir hier?
SOHN Mir geht es hier gut.

*Die Stellvertreterin der Mutter hält weiterhin die Hände vor
ihrer Brust und hat große Schmerzen.*
  *Hellinger bittet nun den Sohn, aufzustehen und sich der
Mutter gegenüberzustellen, wobei die Frau auf dem Boden zwischen ihnen liegt. Diese schaut zur Stellvertreterin der Mutter
hinüber. Die Stellvertreterin der Mutter richtet sich nun ganz
auf und ist zur Ruhe gekommen.*

HELLINGER *zur Gruppe* Die Frau auf dem Boden ist eine
Tote. Sie schaut zur Stellvertreterin der Mutter hinüber.
Sie will etwas von ihr. Wir wissen aber nicht, wer sie ist.

*Nach einer Weile lässt Hellinger die Mutter selbst den Platz
ihrer Stellvertreterin einnehmen. Sie bleibt lange unbeweglich
stehen. Dann macht sie hilflose Bewegungen mit ihren Händen.*

HELLINGER *nach einer Weile zur Mutter* Diese Tote ist von
dir. Sie ist ein totes Kind.
MUTTER Es ist mein ältester Sohn, der sehr weit von mir
weg ist.
HELLINGER *zur Gruppe* Wenn geredet wird, nimmt das in
der Regel Energie weg. Wir sehen alles Wesentliche in den
Bewegungen der aufgestellten Personen. Von allem, was
hier abläuft, ist mein Bild: Die Tote ist ein abgetriebenes
Kind.

Die Mutter nickt.

HELLINGER *zur Mutter* Ja, schau hin.

Die Mutter atmet tief und beginnt zu schluchzen.

HELLINGER *zur Gruppe* Ihr Sohn liebt dieses Kind. Er möchte, dass dieses Kind erinnert wird.

Der Vater ist betroffen und nickt. Auch er atmet tief.

HELLINGER *zur Gruppe* Ich werde das nicht weiter verfolgen. Ich habe es nur ans Licht gebracht. Jetzt kann man vielleicht besser verstehen, was mit dem Kind los ist.
Ich erkläre nun kurz, was hier abgelaufen ist. Die Mutter will sterben. Sie will dem Kind nachfolgen. Der Sohn sagt zu ihr innerlich: »Liebe Mama, ich sterbe an deiner Stelle.« Deswegen braucht er in der Schule auch nichts mehr zu tun. Wozu auch. Wenn er sterben will, braucht er nichts mehr zu tun.

Hellinger stellt nun den Vater dem Sohn gegenüber.

HELLINGER *zum Vater* Warte noch ein bisschen. Gehe erst in dein Gefühl und schau auf deinen Sohn.

Der Vater und der Sohn schauen sich lange an. Der Vater lächelt ihm zu. Hellinger schiebt den Sohn etwas näher zum Vater. Der Vater geht auf ihn zu und beide umarmen sich lange. Dann lässt Hellinger den Sohn sich umdrehen und führt ihn einige Schritte nach vorn.

HELLINGER *zum Sohn* Wie geht es dir hier, besser oder schlechter?
SOHN Schlechter.

Hellinger lässt den Vater sich wieder setzen.

HELLINGER *zur Gruppe* Der Sohn sagt zwar, dass es ihm schlechter geht, wir können aber an seinem Gesicht und an seiner Haltung sehen, dass es ihm dort besser geht. Es geht ihm dort besser als beim Vater. Er hat beim Vater keinen Halt.

Ich unterbreche es hier. Danke den Stellvertretern.

Die Eltern und der Junge setzen sich neben Hellinger.

Helfen im Einklang mit dem Schicksal eines Kindes

HELLINGER *zur Gruppe* Als Lehrer seid ihr manchmal mit solchen Situationen konfrontiert. Da ist ein schwieriges Kind. Es erbringt keine Leistung mehr in der Schule, und ihr denkt vielleicht, ihr bekommt Hilfe von den Eltern. Aber manchmal kommt keine Hilfe von den Eltern, so wie hier. Die Frage ist: Was kann man dann machen? Ich sehe an euren Gesichtern, dass dies eine schwere Frage für euch ist, weil ihr oft mit solchen Situationen konfrontiert seid.

zu den Leitern dieser Schule Jetzt mache ich eine Übung für euch.

Hellinger stellt die beiden Leiter dieser Schule nebeneinander und stellt ihnen diesen Jungen gegenüber. Weit hinter diesen Jungen stellt er einen Stellvertreter für das Schicksal dieses Jungen.

HELLINGER *zu den Leitern dieser Schule* Statt dass ihr auf den Jungen schaut, schaut jetzt auf sein Schicksal.

Nach einer Weile verneigt sich die Leiterin und blickt dann wieder hoch.

HELLINGER *zu den Leitern der Schule* Wie geht es euch jetzt?

LEITER Besser.

LEITERIN Besser.

HELLINGER *zur Gruppe* Wenn wir auf den Jungen schauen, wie geht es ihm jetzt? Es geht ihm besser.

zu den Stellvertretern Danke.

zur Gruppe Wir haben als Helfer und Lehrer oft die Vorstellung, dass wir jemanden um jeden Preis am Leben erhalten und ihm zu einem glücklichen Leben verhelfen müssen. Doch er ist anderen Kräften ausgeliefert, vor denen unsere Anstrengungen versagen. Statt dass wir uns nur der Person gegenüber sehen, die unsere Hilfe sucht oder braucht, schauen wir über sie hinaus. Auf einmal spüren wir, da sind andere Kräfte am Werk, die größer sind als wir. Dann werden wir ruhig. Oft können wir auch anders auf das Kind schauen, ohne Sorge.

Ohne Sorge

HELLINGER *zur Gruppe* Wenn so etwas passiert wie hier, dass beide Eltern in etwas verstrickt sind und noch in der Verstrickung bleiben für eine Zeit, brauchen wir uns keine Sorgen zu machen.

zu den Eltern Ich mache mir keine Sorge um die Mutter, und ich mache mir keine Sorge um den Vater. Es ist jetzt etwas Wichtiges ans Licht gekommen, das in eurer Seele etwas in Bewegung gesetzt hat. Vor allem bei der Mutter hat es etwas in Bewegung gesetzt. Diese Bewegung geht weiter. Sie braucht ihre Zeit. Dann wundert ihr euch vielleicht nach einigen Wochen oder Monaten, dass etwas anders ist. Alles Gute euch.

Beide bedanken sich.

HELLINGER *zum Vater* Der Junge braucht seinen Vater. Gib ihm einen Platz in deinem Herzen.

Piercing

HELLINGER *zur Gruppe* Es gibt gewisse Signale, auf die man achten kann, auch bei einem Schüler. Solche, die sich piercen lassen, haben die Achtung vor ihrem Leben aufgegeben. Dieser Junge zum Beispiel auch.
Würdet ihr einem anderen Menschen so etwas antun, wenn ihr ihn liebt? Würdet ihr ihm das antun? Dem eigenen Körper tun sie das an! Sie zeigen vielleicht damit, sie haben ihr Leben aufgegeben. Das ist ein Signal, und man muss es ernst nehmen.
zu diesem Jungen Man kann so etwas aber auch wieder entfernen, natürlich. Okay?

Der Junge nickt.

Schwierige Kinder

HELLINGER *zur Gruppe* Ich möchte etwas sagen über Krankheiten. Ihr meint vielleicht, das habe nichts mit dem zu tun, was hier los ist. Ich habe aber gesehen, wenn jemand eine bestimmte Krankheit hat oder eine besondere körperliche Beschwerde, vor allem wenn es eine lebensbedrohliche Krankheit ist, dann steht das, was wehtut und krank macht, in Resonanz mit einer anderen Person. Das ist in Resonanz mit einer Person, die in der Familie ausgeschlossen oder vergessen wurde. Obwohl sich also die Krankheit von uns abwendet, wendet sie sich einer anderen Person zu. Sie möchte unseren Blick zu dieser Person lenken. Wenn wir dieser Person die Ehre geben, wenn wir sie hereinnehmen in unser Herz, kann die Krankheit oft gehen.
Genauso ist es mit einem schwierigen Kind. Das schwierige Kind ist in Resonanz mit einer anderen Person, so wie dieser Junge hier. Er war in Resonanz mit dem abgetriebenen Kind. Statt dass wir seine Schwierigkeiten in der

Schule beheben wollen, zum Beispiel durch gute Ermahnungen, die ja eh nichts fruchten, schauen wir dann mit dem Kind auf die Person in seiner Familie, die hereingenommen werden will. Schon diese Vorstellung erleichtert sowohl uns als auch das Kind. Das Kind wird dann nicht mehr von uns »behandelt«, sondern wir gehen mit ihm einen bestimmten Weg. Auf diesem Weg fühlt es sich bei uns sicher.

Beispiel: »Du hast mir sehr gefehlt«

HELLINGER Wer möchte jetzt mit mir arbeiten?

Eine Frau meldet sich und setzt sich neben Hellinger. Hellinger schaut sie lange an.

HELLINGER *zur Gruppe* Achtet sie die Männer?

Die Frau nickt.

HELLINGER *zur Frau* Wirklich?

Beide schauen sich an und lachen.

HELLINGER Um was geht es?
FRAU Es geht darum, meiner Tochter zu helfen.
HELLINGER Hat die Tochter auch einen Vater?
FRAU Mein Mann und ich haben uns beide entschlossen, Kinder zu haben. Das war ein gemeinsamer Entschluss. Ich wusste, dass wir nicht würden zusammenleben können. Ich habe die Verantwortung für meine Tochter übernommen und habe sie großgezogen. Aber jetzt durchlebt sie eine sehr schwierige emotionale Situation.

123

HELLINGER Was war meine erste Frage?

FRAU Ich achte Männer, ich habe besonderen Respekt für sie.

HELLINGER Was ist mit der Tochter? Kann sie diese Achtung vor Männern haben?

FRAU Ich habe ihr gegenüber nie schlecht von ihrem Vater gesprochen.

HELLINGER Okay. Ich fange mit zwei Personen an.

Hellinger wählt einen Stellvertreter für den Vater der Tochter und stellt ihm die Frau gegenüber. Beide schauen sich lange an, ohne sich zu bewegen.

Nach einer Weile bittet Hellinger den Stellvertreter des Vaters, sich neben ihn zu setzen, und stellt für ihn der Frau eine Stellvertreterin für ihre Mutter gegenüber.

Die Mutter der Frau tritt nach einer Weile einige Schritte zurück. Sie wendet sich nach rechts und schaut an der Frau vorbei.

HELLINGER *zur Gruppe* Die Mutter der Frau hat in eine andere Richtung geschaut. Sie schaut auf jemand anders. Jetzt probiere ich aus, ob sie vielleicht auf ihre Mutter schaut.

Hellinger stellt ihr in die Richtung, in die sie schaut, eine andere Frau gegenüber, die ihre Mutter vertritt.

Die Mutter der Mutter der Frau steht halblinks hinter der Frau. Als sich nichts bewegt, stellt Hellinger die Frau weiter weg, damit sie die beiden anderen Frauen nicht voneinander ablenkt. Doch diese bewegen sich auch weiterhin nicht.

HELLINGER *nach einer Weile zur Gruppe* Ich erläutere, was hier sichtbar wird.

Die Mutter dieser Frau kann nicht zu ihrer Mutter. Später bekam sie eine Tochter, und sie erwartet von ihrer Tochter, dass die sich verhält, wie sie es von ihrer Mutter erwartet hat. Sie sieht in ihrer Tochter ihre eigene Mutter. Man nennt das eine Parentifizierung. Also, eine Frau, die nicht zu ihrer Mutter kann und von ihrer Mutter etwas Besonderes erwartet, erwartet das Gleiche von ihrer Tochter. Deswegen nimmt die Tochter für sie die Rolle ihrer Mutter ein. Die Folge davon ist, dass diese Tochter nicht zu ihrer Mutter kann.

Nun hat aber auch diese Tochter eine Tochter, und wir schauen mal, was zwischen ihnen passiert.

Hellinger wählt eine Stellvertreterin für die Tochter dieser Frau und stellt sie ihr gegenüber.

Beide schauen sich lange an. Dann blickt die Tochter zur Mutter ihrer Mutter und bewegt sich langsam auf sie zu.

HELLINGER *zur Gruppe* Was Parentifizierung heißt, wird uns hier wunderbar demonstriert.

Die Tochter geht noch näher zu ihrer Großmutter.

HELLINGER *zur Gruppe* Es gibt hier ein Geheimnis. Das verrate ich euch.

Eine Frau, die nicht zu ihrer Mutter kann, hat keine Achtung für Männer. Achtung für Männer lernt die Frau bei ihrer Mutter. Kein Wunder, dass diese Frau keinen Mann haben wollte. Das geht jetzt weiter in die nächste Generation.

FRAU Meine Mutter wurde Witwe, als wir alle sehr klein waren. Mein Vater war gelähmt. Er war wie ein zusätzliches Kind in der Familie, weil meine Mutter sich um uns alle kümmern musste. Es ist also bei mir kein Mangel an Achtung. Es fehlt einfach das Bild eines Vaters. Ich hatte keinen.

HELLINGER *zur Gruppe* Es gibt noch etwas hier. Sie war sehr bewegt, als sie davon gesprochen hat. Habt ihr das gesehen? Ein Kind ist seiner Mutter treu. Wenn das Kind sieht, dass die Mutter ihren Mann nicht halten konnte, dass sie den Mann früh verloren hat, dann traut sich das Kind aus Treue zur Mutter auch nicht, einen Mann zu haben und zu behalten.

Die Frau nickt Hellinger verständnisvoll zu und lächelt.

HELLINGER Jetzt schauen wir für eine Lösung.

Hellinger lässt die Stellvertreterinnen für die Mutter und die Großmutter der Frau sich wieder setzen.

HELLINGER *zur Gruppe* Wer ist die wichtige Person, die hier etwas zum Guten wenden kann?
zur Frau Das werde ich dir jetzt zeigen.

Hellinger wählt einen Stellvertreter für den Vater der Frau und stellt ihn ihr gegenüber. Beide schauen sich lange an.

HELLINGER *nach einer Weile zur Frau* Sag ihm: »Ich habe dich sehr vermisst.«
FRAU *sehr bewegt und unter Tränen* Ich hätte dich sehr gebraucht. Ich habe dich sehr geliebt. Aber du hast mich nicht unterstützt, du konntest mich nicht unterstützen.
HELLINGER Sag nur: »Du hast mir sehr gefehlt.«
FRAU Du hast mir sehr gefehlt.

Sie wischt sich die Tränen vom Gesicht.

HELLINGER Schau ihn an.

Hellinger führt sie sachte näher zu ihrem Vater. Dieser geht auf sie zu. Beide umarmen sich innig.

Nach einer Weile führt Hellinger auch die Tochter der Frau näher heran. Die Frau löst sich von ihrem Vater und schaut zur Tochter.

HELLINGER *zur Frau* Sag ihr: »Das ist mein Vater.«
FRAU Das ist mein Vater.
HELLINGER »Ich habe ihn sehr vermisst.«
FRAU Ich habe ihn sehr vermisst.

Der Vater der Frau legt die Hände um sie und ihre Tochter.

Hellinger wählt einen Stellvertreter für den Mann der Frau und stellt ihn dazu.

HELLINGER Sag deinem Mann: »Das ist mein Vater.«
FRAU Das ist mein Vater.
HELLINGER »Ich habe ihn sehr vermisst.«
FRAU Ich habe ihn sehr vermisst.

Hellinger stellt nun die Stellvertreterin der Tochter so, dass sie alle gut sehen kann.

HELLINGER *zur Frau* Sag deinem Mann: »Ich nehme dich jetzt als den Vater unserer Tochter.«
FRAU Ich nehme dich jetzt als den Vater unserer Tochter.

Ihr Mann reicht ihr die Hand und umarmt sie flüchtig.

Hellinger stellt nun die Tochter mit dem Rücken zu ihrem Vater der Frau gegenüber. Die Frau ist sehr bewegt und wischt sich die Tränen ab.

Hellinger stellt den Vater der Frau hinter ihren Mann. Die Tochter atmet tief, doch die Frau bewegt sich nicht. Nach einer

Weile dreht sich die Tochter langsam von ihrer Mutter weg, ihrem Vater zu und schaut ihn an.

HELLINGER *nach einer Weile zur Tochter* Sag deinem Vater: »Ich vermisse dich sehr.«
TOCHTER Ich vermisse dich sehr.

Die Frau tritt einen Schritt näher zu ihrer Tochter. Doch Vater und Tochter bleiben ohne Bewegung. Der Vater der Frau ist sehr bewegt und wischt sich laufend den Schweiß ab.

HELLINGER *nach einer Weile zur Tochter* Sag zu deinem Vater: »Bitte.«
TOCHTER Bitte.

Nach einer Weile stellt Hellinger die Frau näher zu ihrem Mann, sodass die Tochter beide sehen kann.
    Der Mann wendet sich zu seiner Frau, dann wieder zu seiner Tochter und kämpft mit sich. Doch keiner bewegt sich.
    Nach einer Weile führt Hellinger die Tochter sachte zu ihrem Vater. Dieser legt den Arm um sie. Die Frau legt ihre Arme um beide. Der Vater weint. Er legt seinen Arm auch um seine Frau.

HELLINGER Wie geht es der Tochter jetzt?
TOCHTER Gut.
HELLINGER Wie geht es der Mutter jetzt?
FRAU Gut.
HELLINGER Wie geht es dem Vater?
VATER Gut.

Alle lächeln sich an.

HELLINGER *zu den Stellvertretern* Okay, danke euch allen.

Die Frau wischt sich die Tränen ab.

HELLINGER *zur Frau* Was ist mit deiner Tochter los?
FRAU Es geht ihr emotional sehr schlecht. Sie hat mir gestern gesagt, dass sie nicht arbeiten will. Sie interessiert sich für überhaupt nichts. Sie will nicht leben. Sie fragt sich: Wozu?
HELLINGER Klar, ihr fehlt der Vater. Wer kann ihr helfen? Wer muss die ersten Schritte setzen?
FRAU Um ihn zu sehen?
HELLINGER Wer muss die ersten Schritte gehen, damit es der Tochter besser geht?
FRAU Ich.
HELLINGER Ja. Du kannst das ganz leicht. Du brauchst dir nur vorzustellen, dass dein Vater hinter dir steht.

Sie nickt, schließt die Augen und stellt sich das offensichtlich schon vor.

HELLINGER Dann gehst du zu deinem Mann – und achtest ihn – und sagst ihm: »Ich vermisse dich sehr.«
als sie den Kopf schüttelt Du sagst ihm: »Ich vermisse dich sehr.«
FRAU Ich vermisse dich sehr.
HELLINGER Du sagst ihm: »Ich vermisse dich sehr.«
FRAU Ich vermisse dich sehr.
HELLINGER »Ich brauche dich.«
FRAU Ich brauche dich.
HELLINGER »Bitte.«

Sie zögert lange.

HELLINGER »Jetzt nehme ich dich als meinen Mann.«

Sie wischt sich die Tränen ab.

FRAU Jetzt nehme ich dich als meinen Mann.
HELLINGER »Und du darfst mich haben als deine Frau.«
FRAU Und du darfst mich haben als deine Frau.

Sie hält noch immer die Augen geschlossen und ist tief ge-
sammelt.

HELLINGER *nach einer Weile* Dein Vater wird sich freuen,
wenn er das sieht. Und deine Mutter auch. Und vor allem
deine Tochter. Einverstanden?
FRAU Ja.

Sie öffnet die Augen und schaut zu Hellinger.

HELLINGER Okay. Alles Gute. Du schaffst das. Das kann
ich jetzt sehen.

Die Tochter der Frau war mit in der Gruppe und konnte alles
mitverfolgen.

Das vollkommene Glück

HELLINGER Ich möchte etwas sagen über das vollkommene
Glück. Was ist das vollkommene Glück?
Ein Kind wird glücklich, wenn die Mutter in ihm den Vater
achtet und liebt, und wenn der Vater im Kind die Mutter
achtet und liebt. Das ist der erste Schritt.
Der zweite Schritt ist, wenn die Mutter im Kind nicht nur
den Vater achtet und liebt, sondern auch seine ganze
Familie, und wenn der Vater im Kind nicht nur die Mutter
achtet und liebt, sondern auch ihre ganze Familie.

Wenn wir etwas größer sind, erfahren wir das vollständige Glück, wenn nicht nur unser Vater und unsere Mutter in unserem Herzen einen Platz haben, sondern alle, die zur Familie des Vaters und der Mutter gehören, auch jene, die ausgeschlossen oder vergessen wurden.

Meditation

Jetzt machen wir eine kleine Übung und gehen zusammen einige Schritte auf dem Weg zum vollkommenen Glück.

Machen Sie die Augen zu. Wir sehen vor uns in unserer Seele unsere Mutter – und neben ihr unseren Vater. Wir schauen sie an mit Liebe. Wir sagen ihnen: »Alles, was ich habe, kommt von euch. Mein Leben, wie es ist, kommt von euch. Ihr habt es mir gegeben, und jetzt nehme ich es von euch mit seiner ganzen Fülle. Danke. Ich mache etwas daraus, euch zur Ehre und zur Freude. Ich freue mich über euch, so wie ihr seid. Und ich freue mich über das Leben, so wie ich es von euch bekommen habe.«

Dann schauen wir auf die Eltern der Eltern und freuen uns an ihnen, so wie sie sind. Und wir schauen auf die Onkel und die Tanten, alle, so wie sie sind, und freuen uns an ihnen.

Dann schauen wir auf unseren Partner und auf seine Familie und geben ihnen einen Platz im Herzen und freuen uns an ihnen. Wenn wir Kinder haben, schauen wir auf die Kinder und freuen uns an ihnen. Wir freuen uns an den Kindern, genau wie sie sind.

So erleben wir, was die vollkommene Freude ist und das vollkommene Glück.

Beispiel: »Bitte bleib«

HELLINGER *zu einem etwa 16 Jahre alten Jungen* Ich habe gehört, dass du in der Schule etwas lebhaft bist. Stimmt das?

JUNGE Ja.

HELLINGER Was machst du, wenn du so lebhaft bist?

JUNGE Ich führe mich im Unterricht manchmal etwas auf.

HELLINGER Was machst du denn, wenn du dich so aufführst?

JUNGE Ich werde explosiv.

HELLINGER Du hast ganz schön Energie.

JUNGE Ja.

HELLINGER Wenn man mit dieser Energie nichts Besseres machen kann, muss man so etwas machen.

JUNGE Ja.

HELLINGER Wer ist in eurer Familie noch so energisch?

JUNGE Niemand.

HELLINGER Bist du der Einzige?

JUNGE Ja.

HELLINGER Sind deine Eltern noch zusammen?

JUNGE Nein.

HELLINGER Was ist passiert?

JUNGE Vor zehn Jahren haben sie sich getrennt.

HELLINGER Bei wem bist du jetzt?

JUNGE Bei meinem Papa.

HELLINGER Den hast du sehr gerne.

JUNGE Ja.

Der Junge ist sehr bewegt und nickt.

HELLINGER Das sieht man.

Der Junge freut sich und nickt.

HELLINGER Wie geht es deinem Papa?

JUNGE Schlecht.

HELLINGER Was ist mit ihm los?

JUNGE Ihm geht es gesundheitlich sehr schlecht.

HELLINGER Was hat er?

JUNGE *seufzt* Er hat ein Lungenödem und Niereninsuffizienz. Ich weiß nicht, was er sonst noch für Probleme hat.

HELLINGER Okay. Ich arbeite mal mit dir und mit deinem Vater. Einverstanden?

JUNGE Ja.

Hellinger wählt einen Stellvertreter für den Vater und stellt ihn auf.

HELLINGER *zu diesem Stellvertreter* Jetzt nimmst du den Vater des Jungen in dein Herz. Du achtest auf das, was in deinem Körper vor sich geht, und folgst ihm. Dann suchen wir eine gute Lösung für alle.

Der Stellvertreter bleibt lange stehen, ohne sich zu bewegen.

HELLINGER *zum Jungen* Ist etwas Besonderes in der Familie deines Vaters passiert?

JUNGE Was zum Beispiel?

HELLINGER Ist jemand früh gestorben?

JUNGE Ja.

HELLINGER Wer?

JUNGE Sein Vater.

HELLINGER Wie alt war dein Vater, als sein Vater starb?

JUNGE 19 Jahre.

HELLINGER An was ist sein Vater gestorben?

JUNGE Ich selbst weiß es nicht.

HELLINGER Ist jemand hier aus deiner Familie?

JUNGE Ja, meine Mutter.

133

Hellinger ruft die Mutter herbei und lässt sie sich neben ihn setzen.

HELLINGER *zur Mutter* Was ist in der Familie seines Vaters passiert?
MUTTER Der Vater seines Vaters starb mit 45 Jahren während einer Operation an einem Magengeschwür.

Hellinger wählt einen Stellvertreter und lässt ihn sich vor dem Vater mit dem Rücken auf den Boden legen.

HELLINGER *zur Gruppe* Der Blick des Stellvertreters des Vaters ging auf den Boden. Deswegen habe ich jemanden vor ihn auf den Boden gelegt. Ich weiß nicht, wer es ist, aber vielleicht ist es sein Vater.

Nach einer Weile stellt Hellinger den Jungen seinem Vater gegenüber, doch so, dass der Tote zwischen ihnen liegt.

HELLINGER *zum Jungen* Sag deinem Vater: »Bitte bleib.«
JUNGE Bitte bleib.
HELLINGER *nach einer Weile* Sag es noch einmal.
JUNGE Bitte bleib.

Er hat es mit aggressiver Stimme gesagt und ballt die Fäuste.

HELLINGER *nach einer Weile* Ruf es ganz laut.
JUNGE Bitte bleib.

Er schreit es mit tiefer Bewegung und weint. Hellinger lässt es ihn noch mehrmals laut sagen. Dann beginnt der Junge zu schluchzen.
Hellinger führt ihn vor seinen Vater.

HELLINGER *zum Jungen, als er vor seinem Vater steht* Sag: »Bitte bleib.«
JUNGE Bitte bleib.
HELLINGER »Bitte.«
JUNGE Bitte bleib.
HELLINGER »Bitte.«
JUNGE Bitte bleib.
HELLINGER »Bitte.«
JUNGE Bitte.

Er hat noch immer die Fäuste geballt. Der Vater rührt sich nicht.

HELLINGER *zum Vater* Sag ihm: »Ich sterbe.«
VATER Ich sterbe.
HELLINGER *zum Jungen* Sag: »Bitte bleib.«
JUNGE Bitte bleib.
HELLINGER *zum Vater* »Ich sterbe.«
VATER Ich sterbe.
HELLINGER »Ich bin krank. Ich sterbe.«
VATER Ich bin krank. Ich sterbe.
HELLINGER »Wie mein Vater.«
VATER *mit klarer Stimme* Wie mein Vater.

Vater und Sohn schauen sich lange an. Der Junge atmet tief. Er hat noch immer die Fäuste geballt. Dann senkt er den Kopf und lässt die Fäuste los.

HELLINGER *zum Jungen* Sag: »Lieber Papa.«
JUNGE Lieber Papa.
HELLINGER Schau ihn an und sag: »Bitte bleib.«
JUNGE Bitte bleib.
HELLINGER *zum Vater* Sag ihm: »Auch wenn ich sterbe, du bleibst immer mein Sohn.«

VATER Auch wenn ich sterbe, du bleibst immer mein Sohn.

Hellinger führt den Jungen näher zu seinem Vater. Beide um-
armen sich innig und lange. Der Vater hält seinen Sohn fest und
streichelt ihm über den Rücken. Als sie sich lösen, legt ihm der
Vater eine Hand auf die Schulter. So schauen sie sich lange an.
Der Junge atmet tief. Als der Vater einen Schritt zurücktritt,
bittet ihn Hellinger, sich neben den Stellvertreter seines Vaters
auf den Boden zu legen und zu ihm hinüberzuschauen. Den
Jungen dreht er um und lässt ihn zu seinem Vater und Groß-
vater auf dem Boden schauen.
Beide, der Vater und der Großvater, schauen sich an und hal-
ten sich bei den Händen.

HELLINGER *nach einer Weile zum Jungen* Sag zu deinem Vater und deinem Großvater: »In mir lebt ihr noch weiter.«
JUNGE In mir lebt ihr noch weiter.
HELLINGER »Ich bleibe am Leben, euch zum Andenken.«
JUNGE Ich bleibe am Leben, euch zum Andenken.
HELLINGER »Ich mache etwas Großes aus meinem Leben, euch zum Andenken.«
JUNGE Ich mache etwas Großes aus meinem Leben, euch zu Andenken.

Er ist sehr bewegt. Er atmet tief und ballt wieder die Fäuste.

HELLINGER *nach einer Weile zum Jungen* Leg dich daneben.

Er legt sich neben seinen Vater auf den Boden und schaut hinü-
ber zu seinem Vater. Doch dieser schaut ihn nicht an.

136

HELLINGER *zum Jungen* Wie geht es dir da, besser oder schlechter?
JUNGE Schlechter.
HELLINGER *zum Vater* Wie geht es dir, wenn dein Sohn neben dir liegt?
VATER Es ist unangenehm für mich, dass er neben mir liegt.
HELLINGER Sag deinem Sohn: »Geh!«
VATER Geh!

Hellinger bedeutet dem Sohn aufzustehen. Dieser steht auf und wendet sich weg.

HELLINGER Wie ist es für dich jetzt?
JUNGE Ich bin sauer.

Hellinger wendet ihn wieder zu seinem Vater und Großvater und stellt ihm auf ihrer anderen Seite einen Stellvertreter für den Tod gegenüber.

HELLINGER *zum Jungen* Das ist der Tod.

Der Junge ballt die Fäuste, doch der Tod rührt sich nicht. Der Junge atmet tief und schaut wieder zu seinem Vater auf den Boden. Er atmet immer schneller, offensichtlich voller Wut.

HELLINGER *nach einer Weile zum Jungen* Sag dem Tod: »Ich werde dich besiegen.«
JUNGE *mit aggressiver Stimme* Ich werde dich besiegen.
HELLINGER Laut.
JUNGE *laut schreiend und aggressiv* Ich werde dich besiegen.

Er schaut lange aggressiv auf den Tod.

HELLINGER »Ich werde dich besiegen ...«
JUNGE Ich werde dich besiegen ...
HELLINGER »Selbst wenn es mich mein Leben kostet.«
JUNGE *herausfordernd und aggressiv* Selbst wenn es mich mein Leben kostet.

Er hat noch immer die Fäuste geballt. Der Tod bleibt ungerührt und schaut auf die Toten.

HELLINGER *zum Jungen* Der Tod schaut nicht auf dich. Für ihn bist du Luft.

Der Junge schaut wieder auf seinen Vater und Großvater am Boden. Nach einer Weile atmet er tief und beginnt zu weinen. Er wird von Schluchzen geschüttelt. Dazwischen schaut er hinüber zum Tod und senkt den Kopf. Er wischt sich die Tränen vom Gesicht. So kämpft er lange mit sich und lässt die Fäuste los.

HELLINGER *zum Jungen* Sag deinem Vater und Großvater: »Ich bleibe noch ein bisschen.«
JUNGE Ich bleibe noch ein bisschen.
HELLINGER »Dann sterbe ich auch.«
JUNGE Dann sterbe ich auch.
HELLINGER *zur Gruppe* Jetzt hat er die Hände losgelassen. Jetzt ist die Aggression weg.
zum Jungen Jetzt bist du bei der Wahrheit. Jetzt bist du groß. Nur Kinder sind wütend. Okay?
JUNGE Ja.
HELLINGER *zu den Stellvertretern* Danke euch allen.

Der Junge setzt sich wieder neben Hellinger.

HELLINGER *zur Mutter* Wie geht es dir?
MUTTER *seufzt* Besser.

HELLINGER Hast du nicht einen großen Sohn?
MUTTER Ja, einen großen Sohn.
HELLINGER So viel Liebe hat der.

Der Sohn atmet tief.

MUTTER Ja.
HELLINGER Genau.

Der Junge schaut gelöst zu Hellinger hinüber. Dieser schlägt ihm mit der Faust hart zwischen die Schulterblätter.

HELLINGER Das war der Ritterschlag.

Der Junge lacht, und die Gruppe lacht mit. Hellinger und der Junge geben sich die Hand.

HELLINGER Okay, alles Gute dir.

Lautes Klatschen in der Gruppe.

HELLINGER *zur Gruppe* Was ich gerade gemacht habe, dass ich ihn geschlagen habe, ist nur die eine Seite. Wenn sich bei jemandem etwas Wesentliches geändert hat, muss man ihn schlagen, wenn auch nicht so stark wie ich jetzt. Nur dann wird die Veränderung im Nervensystem gespeichert. *zu den anwesenden Lehrern* Jetzt werden die Lehrer glücklich sein, wenn er wieder in die Klasse kommt. Es gibt nur liebe Kinder. Nur muss man herausfinden, wo ihre Liebe versteckt ist. Hier kam ja wunderbar ans Licht, wo die Liebe versteckt war.

Noch etwas Wichtiges ist hier zu beachten. Viele meinen, sie könnten das Leben in ihre Hand nehmen, als hätten sie Macht über Leben und Tod. Vor allem Kinder denken das. Deswegen haben Kinder in ihrer Seele oft die Vorstellung, dass es ihren Eltern besser geht, wenn sie an ihrer Stelle ein Leid auf sich nehmen, als hätten sie die Macht, durch ein Opfer ihre Eltern zu erlösen. Dann sagen sie manchmal in ihrer Seele: »Lieber sterbe ich als du.« Dabei haben sie Allmachtsgefühle.

Wie wird jemand erwachsen? Wenn er weiß, wie begrenzt seine Macht ist. Dorthin zu kommen, ist ein harter Kampf, denn auch viele Erwachsene haben immer noch die Vorstellung, als könnten sie andere von ihrem Schicksal erlösen. Auch manche Lehrer haben die Vorstellung, sie könnten etwas in ihren Schülern ändern. Manche haben sogar die Vorstellung, sie könnten die ganze Welt verändern. Aber auch sie merken bald, dass es nicht geht. Wie hart dieser Kampf ist und wie schwer dieser Verzicht, konnten wir bei diesem Jungen sehen. Was für ein Kampf! Aber er hat ihn bestanden.

Die Verstrickung

Wir sind in die Schicksale unserer Familie eingebunden über viele Generationen zurück. Wenn wir daher Menschen begegnen, die sich für unser Verständnis seltsam verhalten oder die sogar Schlimmes anstellen, wissen wir, sie sind in etwas eingebunden, das sie nicht verstehen. Dann schauen wir über sie hinaus, und ohne einzugreifen achten wir ihr besonderes Schicksal. Indem wir es achten, ohne dass wir etwas tun wollen, gewinnen sie Kraft.

Wir haben oft die Vorstellung vom menschlichen freien

Willen. Wir haben einen freien Willen, aber nur begrenzt. Wo es um die großen Dinge geht, zum Beispiel um Leben und Tod, regieren andere Kräfte. Was können wir dann machen? Wir vertrauen uns diesen größeren Kräften an, auch mit Bezug auf unser Schicksal. Wenn wir uns diesen Kräften anvertraut haben, helfen wir manchmal jemand anderem, aber im Einklang mit diesen Kräften.

Dann haben die Lehrer leichtere Arbeit. Die Eltern haben leichtere Arbeit und den Kindern geht es besser. Hinter allem steht ein großes Vertrauen, dass am Ende alles zusammenkommt und dass die Unterschiede, die wir machen zwischen Guten und Bösen, am Ende zusammenbrechen. Dann gibt es weder Gute noch Böse, sondern nur Menschen.

Beispiel: »Ich habe deinen Vater sehr geliebt«

HELLINGER War noch jemand, der mit mir arbeiten wollte?

Eine Lehrerin ruft ein etwa 16-jähriges Mädchen, das sich neben Hellinger setzt.

Das Mädchen schaut kurz zu Hellinger, lächelt und schaut auf den Boden.

HELLINGER *zur Gruppe* Wenn ihr sie anschaut, wie alt ist sie in ihrer Seele und in ihrem Gefühl? – Drei Jahre. Da ist etwas passiert, als sie drei Jahre alt war.
zum Mädchen Was ist passiert?

Sie schüttelt den Kopf und schaut zu ihrer Mutter in der Gruppe. Hellinger ruft die Mutter und lässt sie sich neben ihn setzen.

HELLINGER *zur Mutter* Was ist passiert, als sie drei Jahre alt war?

MUTTER Als sie drei Jahre alt war, sind wir zu meinem jetzigen Mann gezogen.

Das Mädchen beginnt zu weinen und schluchzt.

HELLINGER Was ist mit ihrem Vater?

MUTTER Ihr Papa hat uns verlassen. Er ist mit einer anderen Frau weggegangen.

HELLINGER Ihr fehlt der Vater, das sieht man sofort.

Hellinger schaut zu ihr hinüber. Sie schüttelt heftig den Kopf.

HELLINGER *zur Gruppe* Sie schüttelt den Kopf. Wisst ihr, warum? Sie hat Angst, es vor ihrer Mutter zuzugeben.

Hellinger schaut zur Mutter.

HELLINGER *zur Mutter* Sag ihr: »Ich habe deinen Vater sehr geliebt.«

MUTTER Ich habe deinen Vater sehr geliebt.

HELLINGER Sag es mit Liebe.

als sie gleich antworten will Langsam. Erinnere dich daran, wie sehr du ihn geliebt hast. Dann sage es ihr aus der Seele.

Sie seufzt tief.

HELLINGER Schau sie an.

MUTTER Ich habe deinen Vater sehr geliebt.

Die Mutter ist sehr bewegt. Das Mädchen weint.
    Hellinger bittet die Mutter, sich neben die Tochter zu setzen und sie in den Arm zu nehmen. Sie umarmt die Tochter, küsst

sie und streichelt sie. Dann sitzen sie Hand in Hand nebeneinander.

HELLINGER *zur Gruppe* Das ist alles, was ich tun muss.
zur Mutter Alles Gute euch.

Beide Eltern

HELLINGER Ich möchte dazu noch etwas sagen. Jedes Kind
hat zwei Eltern. Es braucht immer beide Eltern. Ein Kind
muss beide Eltern lieben dürfen. Ein Kind versteht nicht,
warum sich seine Eltern trennen. Es hat beide gleichermaßen lieb. Aber manchmal, wenn die Eltern sich trennen
und das Kind bleibt bei der Mutter, dann hängt es in jeder
Hinsicht von seiner Mutter ab. Manchmal hat es Angst zu
zeigen, dass es den Vater gleichermaßen liebt. Es hat Angst,
dass die Mutter böse wird und dass es mit dem Vater auch
noch die Mutter verliert. Aber heimlich liebt es den Vater
immer. Wenn es von der Mutter hört, dass sie ihren Vater
sehr geliebt hat, darf das Kind der Mutter zeigen, dass
es den Vater auch liebt. Dann fühlt sich das Kind erleichtert.
Hier hat das die Mutter gut verstanden. Jetzt kann das
Kind ganz leicht sagen, dass es den Vater liebt. Es weiß
auch, dass es zu ihm gehen darf. Da wird sie sich wohl fühlen. Jetzt freut sie sich.
zum Mädchen Du darfst das ruhig zeigen. Die Mutter freut
sich auch.

*Mutter und Tochter lachen sich an. Die Mutter legt den Arm
um sie und küsst sie.*

STRASSENKINDER

Aus einem Kurs in Mexiko 2001

Das wirkliche Leben

Oft stellen wir uns vor, wie eine wirklich glückliche Kindheit aussehen müsste und was uns am besten für das Leben vorbereiten würde. Also, liebevolle Eltern ohne jeden Fehler, einfühlsam, immer für uns da, uns in jeder Hinsicht fördernd und uns vor allem Schlimmen behütend. Wie geht es diesen Kindern später im Leben? Was wissen sie von den Härten des Lebens und den Anforderungen, die es an uns stellt? Wie tüchtig werden sie sein? Wenn es darauf ankommt, auch unter großen Schwierigkeiten zu überleben, sind sie verglichen mit anderen Kindern, die eine schwere Kindheit hatten, oft im Nachteil und arm dran.

In Deutschland vergleiche ich manchmal Universitätsstudenten mit den kleinen sechs- bis siebenjährigen Jungen hier in Lateinamerika, die Zeitungen verkaufen. Wie stark sind sie bereits, wie selbstständig! Wie wissen sie sich schon so jung mitverantwortlich für den Unterhalt ihrer Familie und tragen selbstverständlich dazu bei! Welche Wachheit und welche innere Kraft!

Für sie habe ich die tiefste Achtung. Sie wissen etwas von den Härten des Lebens und was es von uns letztlich verlangt.

Beispiel: »Bitte«

Hellinger bittet einen etwa 13-jährigen Jungen, sich neben ihn zu setzen. Er kommt mit den Händen in den Hosentaschen und setzt sich scheu und unbeholfen neben Hellinger.

HELLINGER *zu diesem Jungen* Du bist so etwas noch nicht gewöhnt.

Der Junge ist sehr bewegt und schaut auf den Boden.

HELLINGER Schau mich mal an.

Der Junge sitzt gebeugt, den Oberkörper von Hellinger zur Seite gewendet und schaut von unten zu ihm hinauf. Dann schaut er wieder auf den Boden.

HELLINGER Es ist für mich so in Ordnung. Schau mich einfach mal an.

Hellinger legt seine Hand auf das Knie des Jungen.

HELLINGER Wenn ich dich anschaue, sehe ich, dass du die Hoffnung auf andere Menschen aufgegeben hast. Offensichtlich hast du viel Schweres mitgemacht.

Der Junge nickt.

HELLINGER Ich sehe das.

Der Junge schaut wieder auf den Boden.

HELLINGER Manchmal, in einer finsteren Nacht, warten die Leute sehnsüchtig darauf, dass die Sonne wieder aufgeht. Nach einer finsteren Nacht ist es schön, die Sonne

145

wieder scheinen zu sehen. Im Leben ist es manchmal auch so. Auch hier dämmert nach einer finsteren Nacht wieder der Tag. Sollen wir nach dem Licht Ausschau halten? Nach dem Licht für dich?

Der Junge hat die ganze Zeit auf den Boden geschaut.

HELLINGER Schau wieder zu mir.

Der Junge lächelt zu Hellinger hinüber.

HELLINGER Ich sehe, du schöpfst Hoffnung. – Erzähle mir jetzt etwas über dein Leben.

Der Junge seufzt tief und beginnt zu weinen. Hellinger legt den Arm um ihn, zieht ihn zu sich und hält ihn lange. Der Junge hat seinen Kopf an die Brust von Hellinger gelegt. Nach einer Weile, als Hellinger loslässt, schaut der Junge weg von ihm zur Seite und auf den Boden. Hellinger zieht ihn wieder zu sich. Der Junge legt seinen Kopf spontan an die Brust von Hellinger.
Nach einer Weile löst sich der Junge. Er schaut wieder zur Seite und auf den Boden.

HELLINGER Erzähle mir etwas von deinem Vater und von deiner Mutter.
JUNGE Was soll ich sagen?
HELLINGER Etwas von dem, was du mit deinem Vater und deiner Mutter erlebt hast.
JUNGE Ich hatte kein gutes Verhältnis zu meinen Eltern.
HELLINGER Was ist passiert?
JUNGE Ich bin von zu Hause weggelaufen, weil ich es nicht mehr ausgehalten habe.
HELLINGER Wie alt warst du da?
JUNGE Zehn Jahre.

HELLINGER Wohin bist du dann gegangen?
JUNGE Auf die Straße.

Hellinger wartet lange. Die ganze Zeit hat er seine rechte Hand zwischen die Schulterblätter des Jungen gehalten. Der Junge schaut weiterhin auf den Boden.

HELLINGER Du weißt also, wie man allein überlebt.

Wieder eine lange Pause.

HELLINGER Besuchst du deine Eltern gelegentlich?
JUNGE Ja, gelegentlich.
HELLINGER Willst du etwas dazu sagen?
JUNGE Nein.
HELLINGER Ich mache mit dir eine kleine Übung. – Mach die Augen zu.
Stelle dir deine Eltern vor, wie sie auf dich geschaut haben gleich nach deiner Geburt. Wie sie dich angenommen haben als ihr Kind. Sie haben dich ernährt. Sie haben dir geholfen und du durftest bei ihnen wohnen. Sie hatten wenig Mittel, aber sie haben ihr Bestes versucht.
Als ein kleines Kind hast du mit Liebe auf sie geschaut. Sie waren die Einzigen, auf die du dich verlassen konntest. Dann bist du größer geworden. Du hast gesehen, wie schwer es für deine Eltern war. Vielleicht hast du auch gesehen, dass sie nicht genügend Möglichkeiten hatten, dich mit zu ernähren. Dann hast du vielleicht innerlich gesagt: »Ich möchte euch nicht zur Last fallen. Ich sorge jetzt für mich allein. Dann habt ihr es leichter.« Also bist du weggegangen. Doch gelegentlich besuchst du deine Eltern. Du sagst ihnen: »Ich habe es allein geschafft. Ich war stark genug, es allein zu schaffen. Doch ihr fehlt mir sehr. Schaut auf mich mit Liebe.«

Nach einer Weile zieht Hellinger seine Hand zurück. Der Junge bleibt in der gleichen Haltung und schaut auf den Boden. Dann legt Hellinger seine Hand auf die Hand des Jungen. So verbleiben sie lange.

HELLINGER *nach einer Weile* Wie geht es dir jetzt?

Der Junge schaut zu Hellinger hinüber.

JUNGE Gut.
HELLINGER Ich mache noch etwas für dich. Ja?

Der Junge nickt.
  Hellinger wählt Stellvertreter für den Vater und die Mutter des Jungen und stellt sie nebeneinander, die Mutter links vom Vater. Als der Junge das sieht, legt er die Hand vor seine Augen. Hellinger stellt ihn vor seine Eltern.

HELLINGER *zum Jungen* Stell dir vor, du kommst gerade von der Straße zurück und gehst heim. Schau sie an.

Alle bleiben lange ohne eine Bewegung. Dann macht die Mutter einen kleinen Schritt vom Vater weg, dann noch einen kleinen Schritt und noch einen kleinen Schritt. Dabei schaut sie immer auf den Boden.
  Nach einer Weile wählt Hellinger einen Stellvertreter für einen Toten und bittet ihn, sich vor die Mutter mit dem Rücken auf den Boden zu legen. Als er dort liegt, tritt die Mutter einen kleinen Schritt zurück, schaut aber dauernd auf den Toten. Dann macht sie noch einen kleinen Schritt zurück. Der Tote schaut unentwegt auf sie. Dann schaut er auf den Jungen. Die Mutter schaut kurz hinüber zum Vater, aber dieser bewegt sich nicht. Er schaut immer gerade nach vorn.

Nach einer Weile geht die Mutter auf die Knie und schaut den Toten an. Dieser schaut abwechselnd zu ihr und zum Jungen. Er streckt eine Hand dem Jungen entgegen, zieht sie aber wieder zurück, greift sich mit beiden Händen an den Kopf und fängt laut an zu schluchzen. Die Mutter hat sich wieder erhoben und ist mehrere Schritte zurückgetreten. Sie legt ihre linke Hand an ihr Herz. Der Vater bleibt weiterhin ohne jede Bewegung.

HELLINGER *nach einer Weile zum Jungen* Weißt du, wer diese Person auf dem Boden sein könnte?

JUNGE Ich.

HELLINGER Das ist eine tote Person, mit der deine Mutter in Verbindung steht. Wer könnte es sein?

JUNGE Meine Tante.

HELLINGER Was war mit ihr?

JUNGE Ich weiß es nicht.

HELLINGER Deine Mutter hat vorher auf den Boden geschaut. Das zeigt, dass sie auf einen Toten geschaut hat. Es kann sein, dass der Tote ein Kind deiner Mutter ist. Weißt du etwas darüber?

JUNGE Nein.

Die Mutter hat inzwischen beide Hände an ihr Herz gelegt.

HELLINGER Etwas können wir hier deutlich sehen. Deine Mutter war für dich nicht verfügbar. Sie fühlt sich zu jemand anderem hingezogen. Daher kannst du dich nur auf deinen Vater verlassen.

Hellinger führt ihn näher zu seinem Vater. Der Junge stellt sich rechts neben seinen Vater. Dieser legt seinen rechten Arm um ihn und seine linke Hand auf seine Schulter. Der Junge schaut auf den Boden und hat die Hände in den Hosentaschen ver-

graben. So verbleiben sie lange. Dazwischen hebt der Junge ganz
leicht den Kopf, lässt ihn aber gleich wieder sinken und schaut
auf den Boden.

HELLINGER *nach einer Weile zum Jungen* Schaust du auch
auf einen Toten? Vielleicht auf einen Freund?
JUNGE Auf einen Freund.

Nach einer Weile wählt Hellinger einen Stellvertreter für diesen
Freund und lässt ihn sich vor den Jungen mit dem Rücken auf
den Boden legen.
    Der andere Tote dreht sich zur Seite. Die Mutter ist noch
weiter zurückgegangen.

HELLINGER *zum Jungen* Geh zu ihm.

Der Junge kniet sich zu dem Toten und weint.

HELLINGER *zum Jungen* Geh mit deiner Bewegung.
nach einer Weile zu diesem Toten Was geht in dir vor?
DIESER TOTE Ich fühle das Gleiche wie er. Auch ich schaue
auf einen Toten.

Der Junge und der Tote schauen sich an. Dann legt Hellinger
die Hand des Jungen auf den Bauch des Toten.

HELLINGER *nach einer Weile zum Jungen* Was geht in dir
vor?
JUNGE Ich bin traurig.
HELLINGER Sag ihm: »Ich denke an dich mit Liebe.«
JUNGE Ich denke an dich mit Liebe.

Nach einer Weile lässt Hellinger den Jungen aufstehen und sich
zu seinem Vater drehen.

HELLINGER Schau deinen Vater an und sag ihm: »Ich bin dein Sohn.«
JUNGE Ich bin dein Sohn.
HELLINGER »Schau auf mich als deinen Sohn.«
JUNGE Schau auf mich als deinen Sohn.
HELLINGER »Nimm mich an als deinen Sohn.«
JUNGE Nimm mich an als deinen Sohn.
HELLINGER »Bitte.«
JUNGE Bitte.

Der Vater legt seine Arme um ihn. Der Junge hat seine Hände noch in den Hosentaschen. Hellinger unterstützt ihn, seine Arme um den Vater zu legen. Vater und Sohn verbleiben so lange. Der Vater küsst ihn und streichelt ihm über den Kopf. Die ganze Zeit hält der Junge seinen Kopf vom Vater weggewandt. Wieder streichelt sein Vater ihm über den Kopf und über den Rücken. Nach einer Weile lösen sie sich voneinander.

HELLINGER *zum Jungen* Wie geht es dir jetzt?
JUNGE Gut.
HELLINGER Hier lasse ich es. Alles Gute dir.

Beispiel: Die Liebe

HELLINGER *zu einem etwa 18-jährigen jungen Mann, der auch auf der Straße lebt* Um was geht es bei dir?
JUNGER MANN Ich bin sehr aggressiv, und oft fühle ich mich sehr einsam.
HELLINGER Wenn du aggressiv warst, was hast du dann gemacht?
JUNGER MANN Ich mache dann etwas ohne Besinnung. Ich kann mich dann nicht mehr kontrollieren.
HELLINGER Wenn jemand so aggressiv ist, wie du dich

fühlst, ist er mit jemandem aus seiner Familie identifiziert. Wahrscheinlich bist du mit diesem Onkel identifiziert, der den Freund seiner Schwester umgebracht hat. Deswegen werden wir uns das jetzt anschauen. Vielleicht finden wir einen Weg, der es dir erlaubt, dich daraus zu lösen. Okay?

JUNGER MANN Ja.

Hellinger wählt Stellvertreter für den Onkel, der den Freund seiner Schwester umgebracht hat, und für den Sohn des Onkels, der sich umgebracht hat. Dann wählt er eine Stellvertreterin für die Schwester des Onkels und einen Stellvertreter für den Freund der Schwester, der umgebracht wurde.

Hellinger stellt den ermordeten Freund der Schwester des Onkels diesem gegenüber und die Schwester neben ihren Freund. Den Sohn des Onkels stellt er weiter zurück, seitlich hinter die Schwester des Onkels.

Der Ermordete fällt sofort rückwärts auf den Boden. Er liegt auf dem Rücken und breitet beide Arme aus. Dann fällt auch der Onkel mit einem lauten Knall rückwärts flach auf den Boden und streckt alle viere von sich.

Als der junge Mann das sieht, beginnt er zu schluchzen. Hellinger legt den Arm um ihn, dieser legt den Kopf an Hellingers Brust und atmet schwer.

Nun sinkt auch der Sohn des Onkels zu Boden. Er legt sich auf seine rechte Seite und schaut hinüber zu seinem Vater. Die Schwester des Onkels bleibt ohne Bewegung neben ihrem auf dem Boden liegenden Freund stehen.

Der junge Mann schluchzt laut an Hellingers Brust.

HELLINGER *zur Gruppe* Wer ist hier schuldig?

Er zeigt mit dem Finger auf die Schwester des Onkels.

Die Schwester des Onkels ist die Schuldige.

Sie bleibt weiterhin ungerührt stehen.

HELLINGER Wer hat für diese Schuld bezahlt?

Er zeigt auf den Sohn des Onkels, der sich umgebracht hat.

Er hat dafür bezahlt.

Der junge Mann schluchzt weiterhin mit geschlossenen Augen.

HELLINGER *zu diesem jungen Mann* Jetzt geh zum ermordeten Freund der Schwester des Onkels und umarme ihn.

Hellinger führt ihn zu dem am Boden liegenden Ermordeten und lässt ihn sich neben ihn knien. Der junge Mann schaut den Ermordeten an und schluchzt laut. Er traut sich aber nicht, ihn zu berühren. Die Schwester des Onkels steht weiterhin ungerührt.

HELLINGER *zum jungen Mann* Sag ihm: »Ich gebe dir einen Platz in meinem Herzen.«
JUNGER MANN *laut schluchzend* Ich gebe dir einen Platz in meinem Herzen.
HELLINGER *nach einer Weile* Berühre ihn. Es ist in Ordnung so. Berühre ihn.

Er berührt ihn ganz vorsichtig und legt ihm eine Hand auf die Brust. Die Schwester des Onkels hat ihren Kopf gedreht und schaut auf die beiden hinunter. Der junge Mann wird ruhiger. Sein Schluchzen hört auf.
Hellinger lässt ihn aufstehen und führt ihn zu seinem Onkel, dem Mörder. Dort beginnt er wieder zu schluchzen. Hellinger bittet ihn, sich zu seinem Onkel zu knien. Er kniet sich zu ihm und schluchzt laut.

HELLINGER *nach einer Weile* Berühre auch ihn.

Er legt ihm vorsichtig eine Hand auf die Brust und schluchzt laut.

HELLINGER *nach einer Weile* Schau ihn an und sag ihm: »Ich gebe dir einen Platz in meinem Herzen.«
JUNGER MANN *laut schluchzend* Ich gebe dir einen Platz in meinem Herzen.

Er schluchzt weiterhin laut. Nach einer Weile lässt Hellinger ihn aufstehen. Dann führt Hellinger die Schwester des Onkels vor ihren ermordeten Freund.

HELLINGER *zur Schwester des Onkels* Schau ihn an.

Der junge Mann steht neben Hellinger und lehnt sich an ihn. Dieser legt einen Arm um ihn, während er immer noch laut schluchzt.

HELLINGER *zur Schwester des Onkels* Geh hinunter zu deinem Freund.

Sie kniet sich neben ihn, legt ihm eine Hand auf die Brust, beugt sich zu ihm hinunter, umarmt ihn und schluchzt. Sie streichelt ihm über das Gesicht. Er schließt seine Augen.

HELLINGER *zur Gruppe* Er hat seine Augen zugemacht. Jetzt erst hat er seinen Frieden.

Hellinger führt den jungen Mann zum Sohn seines Onkels, der sich umgebracht hat. Er steht vor ihm und schaut auf ihn hinunter.

HELLINGER Sag ihm: »Ich gebe dir einen Platz in meinem Herzen.«

JUNGER MANN *laut schluchzend* Ich gebe dir einen Platz in meinem Herzen.

HELLINGER Geh zu ihm hinunter.

Er geht zu ihm hinunter und schluchzt laut.

HELLINGER Berühre ihn.

Er legt ihm eine Hand auf die Brust und beruhigt sich. Dieser aber schaut hinüber zu seinem Vater.
Hellinger lässt den Onkel aufstehen und führt ihn zu seinem Sohn.

HELLINGER *zum Onkel* Geh zu ihm hinunter.

Er kniet sich zu seinem Sohn. Dieser streckt die Hand nach ihm aus. Sein Vater nimmt die Hand. Dann schließt der Sohn seine Augen.

HELLINGER *zur Gruppe* Jetzt hat auch er seine Augen zugemacht. Er hat für seinen Vater gesühnt. Er hat dafür bezahlt.

Der Onkel legt sich neben seinen Sohn und schließt ebenfalls die Augen.
Hellinger lässt nun den jungen Mann aufstehen und sich zur Gruppe drehen.

HELLINGER Jetzt schau nach vorn. Schau in die Welt. Sag allen hier: »Jetzt stehe ich im Dienst des Friedens.«

JUNGER MANN *atmet tief* Jetzt stehe ich im Dienst des Friedens.

HELLINGER Schau sie alle an. Sag ihnen: »Jetzt stehe ich im Dienst der Liebe und des Friedens.«
JUNGER MANN Jetzt stehe ich im Dienst der Liebe und des Friedens.

Er atmet tief.
  Hellinger nimmt ihn bei der Hand.

HELLINGER Jetzt hast du ganz weiche Hände.

Er atmet weiterhin tief.

HELLINGER Keiner braucht vor dir mehr Angst zu haben.
JUNGER MANN Ja.
HELLINGER Okay. Alles Gute dir.
JUNGER MANN Danke.

Beide umarmen sich und geben sich die Hand.

AUTISTISCHE KINDER

Aus einem Demonstrationsabend in Taipeh 2004

Beispiel: Autistischer Junge

HELLINGER *zur Gruppe* Es sind einige Eltern hier, die mit ihren Kindern Schwierigkeiten haben. Doch sie haben nicht nur Schwierigkeiten, die Kinder sind auch behindert. Es ist für die Eltern nicht so einfach, und es ist nicht so einfach für die Kinder. Wir werden uns das anschauen, wenn auch vielleicht nur kurz, um so zu sehen, was wir tun können, damit es Eltern und Kinder besser geht.

zu einer Frau Komm zu mir mit deinem Sohn. Setzt euch neben mich.

Die Frau zieht ihren etwa 14-jährigen Sohn hinter sich her und setzt sich neben Hellinger. Ihr Sohn sitzt rechts neben ihr.

HELLINGER *zur Gruppe* Ich habe mit der Mutter vorher gesprochen. Ich möchte aber hier nichts davon wiederholen. Ich werde die Situation aufstellen. Dann sehen wir über die Bewegungen der Stellvertreter, um was es hier geht.

Hellinger wählt eine Stellvertreterin für die Mutter und lässt sie sich hinstellen.
   Die Stellvertreterin beginnt zu schwanken. Sie schwankt, als wolle sie rückwärts zu Boden fallen und geht schnell einige Schritte zurück.

HELLINGER *zur Gruppe* Wir können sehen, dass die Mutter vor etwas in ihrer Familie zurückschreckt.

zur Mutter Was ist in deiner Herkunftsfamilie passiert?

MUTTER Als mein Vater 19 Jahre alt war, wurde sein älterer Bruder von jemandem ermordet, eher aus Versehen. Als ich sieben Jahre alt war, ist ein jüngerer Bruder meines Vaters gestorben.

HELLINGER Was heißt hier, »aus Versehen ermordet«?

MUTTER Jemand wollte andere umbringen, doch er ermordete aus Versehen den Bruder meines Vaters.

HELLINGER Da gibt es einen Mord. Es war kein Versehen oder Zufall.

zur Gruppe Der Sohn ist autistisch. Das findet man sehr häufig im Zusammenhang mit einem Mord in der Familie.

Der Sohn hat mit äußerster Konzentration zugehört und schaut unentwegt auf Hellinger.

HELLINGER *zur Gruppe* Habt ihr gesehen, wie aufmerksam und konzentriert der Junge zugehört hat? Er hat genau verstanden, um was es hier geht.

Die Mutter wischt sich die Tränen ab.

Hellinger wählt Stellvertreter für den Mörder und für den ermordeten älteren Bruder des Vaters und stellt sie einander gegenüber.

Der ermordete ältere Bruder des Vaters geht langsam auf seinen Mörder zu und geht dann vor ihm im Kreis herum. Danach geht er zweimal im Kreis um seinen Mörder herum.

HELLINGER *zur Mutter* Wenn wir uns das ansehen, wer ist hier ein Mörder?

Er zeigt auf den Stellvertreter des älteren Bruders des Va-
ters.

HELLINGER Er ist ein Mörder.

Die Mutter nickt spontan.

HELLINGER Der ältere Bruder des Vaters ist hier auch ein
Mörder.

Die Mutter greift sich an den Kopf und bedeckt ihr Gesicht.

HELLINGER Wir können es hier sehen.

Die Mutter nickt.
Inzwischen ist der Stellvertreter des älteren Bruders des Vaters
weiterhin im Kreis um seinen Mörder gegangen.

HELLINGER Zumindest war auch er in Gewalttaten verwickelt.

Die Mutter nickt.
   Hellinger wählt einen Stellvertreter für einen Toten und lässt
ihn sich vor den älteren Bruder des Vaters auf den Boden legen.
Diesen stellt er dem Toten gegenüber.

HELLINGER *als er den auf dem Boden liegenden Stellvertreter*
für einen Toten anschaut, zur Mutter Er war auch gewalt-
tätig. Man sieht es daran, dass er sein Fäuste ballt. Offensichtlich gab es hier viele Gewalttäter. Es sieht so aus, als
habe es sich hier um eine kriminelle Bande gehandelt.
MUTTER Ich weiß nichts davon.
HELLINGER Wir sehen es hier.

Der Tote auf dem Boden streckt seine rechte Hand mit geballter Faust zur Seite. Der Mörder und der ältere Bruder des Vaters schauen auf den Toten. Der Mörder tritt einen Schritt zurück. Der ältere Bruder des Vaters tritt einen Schritt näher und ballt seine Fäuste. Der Mörder tritt noch einen Schritt zurück. Dann tritt auch der ältere Bruder des Vaters einen Schritt zurück.

Hellinger nimmt nun den autistischen Jungen und lässt ihn sich dieser ganzen Gruppe gegenüber auf den Boden setzen.

Der Tote auf dem Boden schaut kurz zu dem Jungen hinüber. Dann rückt er mit den Beinen von ihm weg und streckt nun beide Arme mit geballten Fäusten aus. Der ältere Bruder des Vaters tritt noch einen Schritt zurück, hält aber auch weiterhin seine Fäuste geballt.

HELLINGER *zum Stellvertreter des Mörders* Gehe mit deiner Bewegung.

Der Stellvertreter des Mörders geht langsam hinüber zum autistischen Jungen und stellt sich mit dem Rücken vor ihn, sodass er ihn vor den anderen verdeckt und schützt.

Der ältere Bruder des Vaters geht noch einen Schritt mit geballten Fäusten zurück. Nach einer Weile schaut er hinüber zu seinem Mörder und lässt die geballten Fäuste los.

Lange schaut er seinen Mörder an. Dann geht er vor dem anderen Toten in die Knie und setzt sich vor ihn hin.

Die Mutter ist aufgestanden. Sie kniet sich vor den Toten und verneigt sich vor ihm bis auf den Boden. Der ältere Bruder des Vaters lässt sich nach hinten sinken und liegt nun auch mit dem Rücken auf dem Boden. Sein Mörder ist etwas zur Seite getreten, sodass er dem Jungen nicht mehr den Blick verstellt, und hat sich auf den Boden gesetzt. Dann legt auch er sich auf den Rücken und breitet beide Arme aus.

*Der Junge schaut sich um und lächelt. Die Mutter hat sich
etwas aufgerichtet. Dann verneigt sie sich wieder und schluchzt
laut.*

*Nach einer Weile lässt Hellinger den Jungen sich mit dem
Rücken rechts neben den Mörder legen. Er bittet den Mörder,
den Arm um ihn zu legen.*

*Der Mörder legt seinen rechten Arm um den Jungen. Dieser
streckt entspannt seinen rechten Arm aus und ist auf einmal
völlig ernst und gesammelt.*

HELLINGER *zur Mutter* Steh auf.
als sie aufgestanden ist Du hast mit alldem nichts zu tun.
Nichts. Die haben jetzt ihren Frieden. Es ist alles vorbei.

Sie nickt.
*Hellinger führt die Mutter vor ihren Sohn und den Mörder des
älteren Bruders ihres Vaters.*

HELLINGER *zur Mutter* Das hier ist der Mörder des Bruders deines Vaters. Sag ihm: »Bitte schütze meinen Sohn.«
MUTTER Bitte schütze meinen Sohn.

Dabei verneigt sie sich tief.

HELLINGER *zur Gruppe* Der Junge ist völlig gesammelt
und ruhig.
zur Mutter Schaut dein Sohn nicht schön aus? Es geht ihm
viel besser. Vom Mörder bekommt er Kraft. Dein Sohn gewinnt Kraft von ihm. Es hilft ihm, wenn er noch eine Zeit
lang bei ihm bleibt. Später kann er sich von ihm abwenden.
Hier lasse ich es jetzt.
zu den Stellvertretern Danke euch allen.
HELLINGER *als alle wieder sitzen, zur Gruppe* Wenn ihr auf

den Sohn schaut, seht ihr, wie besorgt er um seine Mutter ist? Er ist voller Liebe für seine Mutter.

Die Nachsicht

Ich möchte etwas mehr über Eltern und Kinder sagen. Hier konnten wir sehen, wie tief wir mit dem verbunden sind, was in unserer Familie passiert ist, oft viele Generationen zurück. Wenn wir auf ein solches Kind schauen und sagen, dass es sich seltsam verhält, tun wir ihm großes Unrecht. Nur wenn wir über das Kind hinausschauen auf jene, die ausgeschlossen wurden, wie hier der Mörder des Bruders seines Großvaters, und sie wieder in die Familie aufnehmen, wird das Kind von einer Last befreit.

Viele von euch sagen jetzt vielleicht: Wie kann man einen Mörder wieder in die Familie aufnehmen! Wir müssen sie ablehnen, und sie müssen bestraft werden. Wenn wir so etwas sagen, was geschieht mit uns in unserem Herzen? Auch wir werden Mörder. Dann fühlen wir in uns die gleiche mörderische Wut.

Die Lösung ist, dass wir verstehen, dass jeder Mensch in etwas verstrickt ist, was in seiner Familie passiert ist. Daher sind jene, die zu Mördern geworden sind, nicht frei. Sie sind verstrickt.

Vor kurzem habe ich von einem Jungen gehört, der dauernd gestohlen hat. Dann hat ihn ein Lehrer gefragt: »Warum stiehlst du denn?« Er sagte: »Ich kann mich nicht dagegen wehren. Wenn ich einen Markt besuche und etwas sehe, das mich anzieht, muss ich es stehlen. Ich kann dem nicht widerstehen.«

Der Lehrer wusste, dass der Vater dieses Jungen schon viele Jahre im Gefängnis war. Der Lehrer hat dem Jungen vorgeschlagen: »Wenn du wieder auf den Markt gehst, stelle dir vor, dass dein Vater hinter dir steht.« Der Junge sagte: »Dann kann ich nicht mehr stehlen.« Er war ein guter Junge.

Wenn wir um diese Zusammenhänge wissen, verstehen wir Kinder besser und wir werden nachsichtiger mit ihnen.

Nachtrag

Als ich mit der Mutter vor dem Abend über ihren Sohn gesprochen hatte, sagte sie mir, dass er geistig behindert und autistisch sei. Sie selbst ist eine Psychotherapeutin. Dieser Junge hat aber den auf diesen Demonstrationsabend folgenden Kurs mit großer Aufmerksamkeit besucht.

Zwei Wochen später kam Chou Ting-Wen, der Veranstalter dieses Abends und des nachfolgenden Kurses, zu mir nach Shen Zhen in China, wo ich einen anderen Kurs anbot. Er erzählte mir, dass dieser Junge auch bei ihm einen Kurs besucht hat. Er habe sich völlig normal verhalten und auch normal gesprochen.

Aus einem Schulungskurs in Santa Barbara 2003

Beispiel: Familie mit zwei autistischen Kindern und einem lernbehinderten Kind

HELLINGER *zur Gruppe* Ich werde weitermachen. Jetzt sind wir auf besondere Weise herausgefordert. Neben mir sitzt ein Paar. Wir haben kurz miteinander geredet. Sie haben mir gesagt, dass sie zwei autistische Kinder haben und dazu noch ein behindertes Kind.

Hat jetzt einer von euch mit ihnen Mitleid? Dann ist er nicht mehr im Einklang mit den größeren Kräften. Wir

163

achten dieses Schicksal mit Demut und verneigen uns vor ihm. Dann können wir uns auch dieser Herausforderung stellen.

zu den Eltern Ich stelle zuerst einige Fragen. Sind die Kinder Jungen oder Mädchen?

MUTTER Alle drei sind Jungen.

HELLINGER Wer von den Kindern ist autistisch?

MUTTER Das erste und das dritte Kind.

HELLINGER Was ist mit dem zweiten Kind?

MUTTER Es hat eine schwere Lernbehinderung.

HELLINGER *zur Gruppe* Die Frage ist: Was wäre hier die Vorgehensweise? Wenn wir uns dem aussetzen, was sie gesagt hat: Mit wem muss ich hier anfangen? Fühlt euch ein: Wo ist die größere Kraft, wenn ich mit allen drei Kindern beginne, oder nur mit einem? Fühlt ihr den Unterschied? Ich muss nur mit einem beginnen. Wir wissen aber nicht, was dabei herauskommt.

zu den Eltern Wir machen hier eins nach dem andern, Schritt für Schritt, und schauen, was dabei ans Licht kommt. Doch vorher stelle ich noch einige Fragen.

zur Mutter Ist etwas Besonderes in deiner Herkunftsfamilie passiert?

MUTTER Meine beiden Großväter haben sich umgebracht.

HELLINGER Auf welche Weise haben sie sich umgebracht?

MUTTER Der Vater meines Vaters hat sich mit Autoabgasen umgebracht. Der Vater meiner Mutter fuhr mit dem Auto vor einen Zug.

HELLINGER Weißt du etwas darüber, was in den Generationen vor ihnen passiert ist?

MUTTER Beide Großväter wurden von zu Hause weggeschickt. Sie mussten das Land verlassen.

HELLINGER In welchem Alter?

MUTTER Der Vater der Mutter war 13 Jahre alt, der Vater des Vaters 22.

HELLINGER Aus welchem Land kamen sie?

MUTTER Beide aus England.

HELLINGER *zum Vater* Ist etwas Besonderes in deiner Herkunftsfamilie passiert?

VATER Mein Großvater wurde adoptiert und war ein Alkoholiker.

HELLINGER Der Großvater ist der Vater von wem?

VATER Von meinem Vater.

HELLINGER Er war von wem adoptiert?

VATER Wahrscheinlich von seiner eigenen Großmutter. Seine Schwester hatte ein uneheliches Kind. Sie war gleichzeitig seine Mutter. Also die Person, mit der er als seiner Schwester aufwuchs, war zugleich seine Mutter.

HELLINGER Warte ein bisschen. Ich bin etwas verwirrt. Also, seine Mutter war die Tochter der Großmutter. Die Frage ist: Wer war sein Vater?

VATER Ich weiß es nicht.

HELLINGER Das ist jetzt die Frage. Alle hier haben sich diese Frage gestellt. Außer er natürlich. Nun, was denkt ihr: Wer ist der Vater?

VATER Wahrscheinlich sein Großvater.

HELLINGER Natürlich.

Er nickt.

HELLINGER Er wurde also nicht adoptiert.

zur Gruppe Jetzt, wo wir mehr über die Hintergründe wissen, können wir uns vorstellen, wie schwer diese Vergangenheit auf den Kindern lasten muss.

VATER Willst du noch mehr wissen, auch von der Seite meiner Mutter?

Lautes Lachen in der Gruppe

HELLINGER Ich bin überwältigt von den Informationen, die ich bereits bekommen habe, aber du sagst, da ist noch mehr, was wichtig sein kann?

VATER Der Vater meiner Mutter war auch ein Alkoholiker. Er hat die Großmutter geschlagen. Deswegen haben sie sich getrennt. Bei der Trennung wurden die Kinder zu verschiedenen Verwandten gegeben. Eine Schwester meiner Mutter kam nie mehr zurück. Sie war für immer weggeschickt worden. Meine Mutter als die Jüngste blieb bei der Mutter. Ich bin später von zu Hause weggezogen und auch nicht mehr zurückgekehrt.

HELLINGER *zur Gruppe* Wenn wir diese Informationen gegen die anderen abwägen, sind sie wichtig? Nein.

zum Vater Wir können sie hier beiseite lassen.

Hellinger stellt nun Stellvertreter für die wichtigsten Personen auf: für den Großvater, seine Mutter, seine Großmutter und seinen Großvater, der wahrscheinlich auch sein Vater war. Nach einiger Zeit bilden sie einen Kreis.

Hellinger wählt einen Stellvertreter für den ältesten autistischen Sohn und stellt ihn etwas abseits dazu. Nach einer Weile tritt er langsam zu den anderen. Er bückt sich und will sich zwischen sie zwängen. Einige der Stellvertreter streicheln ihm über den Rücken. Der autistische Sohn geht vor zwei Frauen in die Knie und umfasst sie mit seinen Händen.

HELLINGER *zum autistischen Sohn* Schrei! Schrei laut!

Der autistische Sohn schreit herzzerreißend. Dann wimmert er nur noch und weint. Er will wieder schreien, bringt aber nur kurze Laute hervor. Hellinger fordert ihn auf, wieder laut zu schreien. Das gelingt ihm nach einiger Zeit. Dann wimmert er wieder. Er versucht es noch einmal, laut zu schreien, und wimmert wieder.

Hellinger hat inzwischen den Vater dazugestellt. Einige der Stellvertreter sind mit dem autistischen Sohn in die Knie gegangen und legen die Hände auf ihn.

Nach einer Weile stellt Hellinger den Vater etwas weiter zurück und die Mutter rechts neben ihn. Er lässt den autistischen Sohn aufstehen und stellt ihn seinen Eltern gegenüber. Der autistische Sohn macht dauernd zuckende Bewegungen.

HELLINGER *zum autistischen Sohn* Sag etwas und mach die Augen auf!

Der autistische Sohn beugt sich nach vorn und schaut intensiv auf seine Eltern. Dann richtet er sich auf, beugt sich zurück und lehnt sich an den Stellvertreter des Großvaters.

HELLINGER *zum autistischen Sohn* Sag: »Bitte.«

Der autistische Sohn windet sich, während der Großvater ihn von hinten hält. Er versucht etwas zu sagen, kann es aber nicht. Er beugt sich weit nach vorn und schaut von unten hinauf zu seinen Eltern. Er beginnt eine rhythmische Bewegung, rauf und runter, und atmet dabei heftig und rhythmisch. Dann legt die Mutter ihre Hand auf seinen Rücken. Der Sohn legt seine Hand auf die Schulter der Mutter, richtet sich auf, fasst ihren Arm und sagt leise: »Bitte.« Sie hält ihn mit beiden Händen. Der Vater legt eine Hand um den Sohn, und dieser legt eine Hand auf die Schulter des Vaters. Beide Eltern umarmen ihn. Der Sohn sinkt in ihren Armen nach vorn und schluchzt laut. Alle drei umarmen sich fest. Dann beginnt der Sohn wieder laut zu schreien.

Hellinger fordert ihn auf, weiterhin laut zu schreien. Er schreit aus voller Kraft. Danach wimmert er wieder.

HELLINGER *zum autistischen Sohn* Jetzt sag: »Mama.«

Er sagt es zögernd und leise und wiederholt es mehrmals, als müsse er es noch üben. Er versucht wieder laut zu schreien, kann es aber nicht.

HELLINGER Schrei laut!

Wieder schreit er laut. Die Mutter drückt ihn fest an sich und streichelt ihn über den Rücken und über den Kopf. Nach einer Weile richtet er sich auf, beugt sich noch einmal weit zurück und schaut seiner Mutter in die Augen.

HELLINGER »Mama.«

Er schaut die Mutter an mit Liebe und sagt mehrmals hintereinander: »Mama.« Beide lachen sich an.

Der Sohn geht noch einmal in seine zuckenden Bewegungen, hat aber dabei seine Mutter im Blick. Sie streichelt ihm über die Wangen, er legt seinen Kopf auf ihre Schulter. Beide umarmen sich innig. Auch der Vater umarmt beide innig. Der Sohn ist ruhig geworden.

Nach einer Weile richtet sich der Sohn auf. Alle anderen haben um ihn einen engen Kreis gebildet und halten einander von hinten umarmt.

HELLINGER *zum autistischen Sohn* Jetzt schau auf deinen Vater und sag: »Papa.«

Der autistische Sohn und sein Vater schauen sich lange an. Dann sagt der Sohn zu ihm: »Papa«. Sie umarmen sich lange innig und fest.

HELLINGER *nach einer Weile* Hier kann ich es lassen.
zu den Stellvertretern Danke euch allen.

Hellinger lässt die Eltern sich wieder neben ihn setzen.

HELLINGER *zur Gruppe* Macht mal die Augen zu. Schaut auf diese Familie, einschließlich der beiden anderen Kinder – mit Liebe. Und schaut nun auf ihre Eltern – mit Liebe. Dann schaut auf ihre Ahnen, alle – mit Liebe. Schaut auf sie, ohne euch auf irgendeine Weise zu bewegen. Seid nur da – mit Liebe – und bleibt dabei auf Abstand.
Jetzt schauen wir über sie alle hinaus, weit über sie hinaus, auf jene Mächte, die alles lenken. Wir schauen auf sie mit Andacht und Furcht.
zu den Eltern Schließt auch ihr die Augen. Schaut auf jedes eurer Kinder und sagt zu jedem von ihnen: »Ja.«
nach einer Weile zur Mutter Jetzt stelle dir vor, du schaust auf deinen Mann, und du sagst zu ihm »Ja.«
zum Vater Und du schaust in gleicher Weise auf deine Frau und sagst zu ihr: »Ja.«
Nun schaut ihr auch auf alle eure Ahnen, sowohl die eigenen als auch auf die des Partners, und sagt zu jedem von ihnen: »Ja.«
nach einer Weile, als sie zu ihm herüberschauen Ist es gut so?

Sie nicken und geben ihm die Hand.

HELLINGER Alles Gute euch.
nach einer Weile zur Gruppe Ich habe vor einiger Zeit eine wichtige Erfahrung gemacht. Sie hat mir geholfen, diese Arbeit zu machen.
Vor zwei Jahren war in einer Gruppe ein Elternpaar, das eine autistische Tochter hatte. Ich habe ihre Familie aufgestellt. Plötzlich kam aus der Stellvertreterin des autistischen Kindes ein markerschütternder Schrei. Allen war auf

169

einmal klar, in dem Augenblick gelang ihr der Ausbruch aus ihrem Autismus.

Auch in dieser Aufstellung hier war die entscheidende Bewegung, dass der Sohn schreien konnte.

Was beim Autismus in der Seele vor sich geht, bleibt für mich voller Geheimnisse. Ich stehe nur staunend davor. Daher wage ich es auch nicht, nach einer Erklärung zu suchen. Sie würde dem, was wir hier gesehen und erlebt haben, nicht gerecht.

zu den Eltern Was wir hier gemacht haben, haben wir zugleich auch für eure anderen Kinder gemacht. Es kommt auch ihnen zugute.

Noch etwas Schönes hat sich hier gezeigt. Die ersten Worte, die ein autistisches Kind sagen muss, sind: »Mama« und »Papa«. Wenn ihm das gelingt, kann etwas auf gute Weise weitergehen.

Nachtrag

Nach einem Jahr kam dieses Paar zu mir in einen Kurs in Ottawa. Sie erzählten mir von den Veränderungen in ihrer Familie und überreichten mir den folgenden Brief.

Lieber Bert Hellinger,
wir schreiben dir, um dir für die Arbeit zu danken, die du mit uns im November 2003 in Santa Barbara gemacht hast. Wir haben drei Söhne im Alter von 23, 21 und 20 Jahren. Der Älteste und der Jüngste haben beide eine Form des Autismus, die ihnen eine gewisse Entwicklung ermöglicht (high functioning autistic). Der Älteste war seit seiner Kindheit selbstmordgefährdet. Er hat oft gesagt, dass er sich umbringen will, und hat sich oft in Lebensgefahr ge-

bracht. Als Eltern haben wir uns deshalb große Sorgen gemacht, weil wir uns der möglichen Folgen bewusst waren.

Seitdem du mit uns diese Arbeit gemacht hast, hat dieser Sohn nie mehr über Selbstmord geredet und hat sich eindeutig für das Leben entschieden. Er hat gesagt, dass er gerne eine Partnerin für sich finden will. Auch hat er seinen Platz in der Familie als der Älteste eingenommen und verhält sich seinen jüngeren Brüdern gegenüber freundlich und zugewandt. Früher zeigte sich zwischen ihnen oft feindseliges Verhalten.

Unser jüngster Sohn hat seit dieser Zeit eine persönliche Beziehung zu einem Mädchen entwickelt. Er lebt unabhängig von uns und arbeitet ganztägig. Vorher hatte man uns gesagt, dass es für beide höchst unwahrscheinlich sei, dass so etwas möglich wird.

Wir sind dir sehr dankbar, und wir danken dir für die Zeit und die Energie, die du unserer Familie gewidmet hast.

Aufrichtig
Bryce und Julie-Ann

Aus einem Kurs in Idstein 2004

Beispiel: Autistisches Mädchen

JUNGE HELFERIN Ich habe vor vier Jahren angefangen, ein autistisches Mädchen beruflich zu betreuen. Sie kam vor zweieinhalb Jahren in ein Internat. Seitdem finden wir beide keine Ruhe. Ich habe das Gefühl, ich konnte meine Aufgabe mit ihr nicht beenden, und es hat für mich den Anschein, dass sie ihren Platz in der Welt nicht findet.

HELLINGER Jetzt mache ich zuerst eine Übung mit dir.

Hellinger wählt eine Stellvertreterin für das autistische Mädchen und bittet die Helferin, sie bei der Hand zu nehmen und sich mit ihr zusammen vor ihrem Schicksal zu verneigen.

Beide verneigen sich tief. Dann geht die Helferin in die Knie, das autistische Mädchen folgt ihr. Beide verbleiben auf den Knien in der Verneigung. Nach einer Weile bittet Hellinger die beiden Frauen, sich wieder zu setzen.

HELLINGER *zur Helferin* Wie geht es dir jetzt?

HELFERIN Ich werde ganz aufgeregt.

HELLINGER Du hast dich zu sehr eingelassen – gegen ihr Schicksal. Damit bist du schwach. Wenn du dich einfühlst in dich und in sie, wer hat die größere Kraft?

HELFERIN Die habe ich. Ich habe größere Kraft.

HELLINGER Nein. Darf ich dich benutzen als ein Beispiel? Ich mache es aber mit Achtung.

HELFERIN Ja.

Grundmuster des Helfens

HELLINGER *zur Gruppe* Das Grundmuster für Helfen können wir ablesen in einer Familie, in der ein Kind versucht, seine Mutter zu retten. Hier sehen wir den eigentlichen Eifer des Helfens und die eigentliche Anmaßung des Helfens und das eigentliche Muster, warum dieses Helfen scheitern muss.

Wenn ihr euch anschaut, wenn ihr helfen wollt, und wenn ihr auf andere Helfer schaut, die eifrig sind, um die Welt zu retten: Wie alt seid ihr oder sind sie in diesem Eifer? Sie sind alle Kinder. Deswegen ist eine therapeutische Beziehung, die diesen Eifer zeigt, nicht etwa eine wie die von Vater oder Mutter zu einem Bedürftigen. Nein, sie ist die Beziehung von einem bedürftigen Kind zu seiner Mutter.

Deswegen können viele Helfer von denen, denen sie helfen wollen, nicht lassen, genauso wenig, wie sie von ihrer Mutter lassen können. Die Schulung des Helfers beginnt damit, dass er sich vor seiner Mutter und seinem Vater verneigt und sagt: »Ihr seid die Großen, ich bin das Kind. Ihr gebt, ich nehme.« Dann ist die Ordnung hergestellt. Wenn wir diese Ordnung in uns haben, können wir einem anderen beistehen – aber auf Abstand, wissend um unsere Grenzen.

zur Helferin Du brauchst es nicht gleich zu können. Es genügt, wenn es in zehn Jahren gelingt.

HELFERIN Ich möchte, dass dieses Mädchen gut aufgehoben ist.

HELLINGER Ich werde jetzt mit dir arbeiten. Ich werde dir zeigen, wie du ihr helfen kannst. Das war jetzt nur die Vorbereitung.

zur Gruppe Aber sie ist herzig.

zur Helferin Weißt du etwas über ihre Familie?

HELFERIN Ja. Die Eltern sind geschieden. Deswegen kam sie auch ins Internat. Sie hat eine ältere Schwester. Der Vater hat jetzt eine neue Frau geheiratet, die schwanger ist. Die Mutter hat ihren Vater im Kindesalter verloren. Sie hat drei ältere Brüder und einen jüngeren. Der Vater hat eine jüngere Schwester.

HELLINGER *zur Gruppe* Entscheidende Informationen haben wir nicht bekommen. Das ist nur das Alltägliche. Autismus ist – ich mache jetzt eine kühne Behauptung – eine Psychose.

HELFERIN Sie hat ein Krampfleiden, wofür es keine medizinische Erklärung gibt. Also, sie hat das Symptom der epileptischen Anfälle, ohne Krampfspitzen im EEG (Elektro-Enzephalographie) zu haben.

HELLINGER *zur Gruppe* Wisst ihr, wie ein Autist den Durchbruch schafft?

In Bad Kreuznach hatten wir mal ein Beispiel, wo wir das gesehen haben: durch einen Schrei. Aber der gelingt nicht oft. Oder der Durchbruch gelingt durch das Grundwort »Mama«, wenn das gesagt werden kann.

zur Helferin Wenn man auf die Familie schaut, in der es ein autistisches Kind gibt, kann man sehen: Dieses Kind hat eine unglaubliche Liebe. Wie alt ist das Mädchen?

HELFERIN Sie ist jetzt zehn. Sie hatte die Diagnose: schwerste geistige Behinderung. Kurz nachdem ich mit ihr angefangen habe zu arbeiten, hat sie mir gezeigt, dass sie schreiben kann. Sie hat sich geöffnet. Ich konnte sie noch so weit bewegen, dass sie eine Beziehung mit ihrer Mutter anfing. Aber das bleibt nur auf einer ganz oberflächlichen, organisatorischen Ebene.

HELLINGER Immerhin, du hast offensichtlich gut mit ihr gearbeitet.

HELFERIN Ich habe mir Mühe gegeben.

HELLINGER Natürlich. Dein gutes Herz hat etwas Gutes bewirkt.

HELFERIN Jetzt kann sie sich im Internat nicht öffnen.

HELLINGER Wir fangen jetzt mal an zu arbeiten, und zwar arbeiten wir systemisch. Das Problem hat nämlich nichts zu tun mit dem Kind, sondern mit dem System.

Hellinger stellt eine Stellvertreterin für das autistische Mädchen auf. Die Stellvertreterin des Mädchens atmet schwer. Sie weint und beginnt zu schluchzen. Hellinger stellt ihr eine Frau gegenüber. Er sagt aber nicht, wen sie vertritt.

Die Stellvertreterin des Mädchens atmet stoßweise und bekommt einen Krampf in den Händen.

HELLINGER *zur Gruppe* Sie bekommt einen Krampf in den Händen. Aus der Primärtherapie weiß ich, dass nach einem Schrei der Krampf sofort verschwindet.

174

zur Stellvertreterin des Mädchens Schrei. Laut.

Sie atmet tief und schreit.

HELLINGER Schrei laut, mit voller Kraft wie ein Kind.

Sie setzt an zu schreien, kann es aber nicht.

HELLINGER Es muss ein aggressiver Schrei sein.

Sie kann nicht schreien. Dann löst sich der Krampf. Sie hält die Hände und Arme auseinander und schaut auf den Boden.
   Hellinger wählt eine Stellvertreterin für eine Tote aus und lässt sie sich vor dem Mädchen mit dem Rücken auf den Boden legen.
   Das Mädchen hält ihre Hände wie in Abwehr und Angst. Die Tote auf dem Boden breitet die Arme auseinander und schaut zu dem Mädchen.

HELLINGER *zur Stellvertreterin des Mädchens* Schau mal hin.

Die Stellvertreterin des Mädchens bewegt unruhig ihre Finger, reibt sie gegen die Handflächen und ballt dazwischen die Fäuste.

HELLINGER *zur Stellvertreterin der Toten auf dem Boden* Sag dem Mädchen: »Bitte.«

Sie schaut zu dem Mädchen und sagt zu ihr: »Bitte.«
   Die Stellvertreterin des Mädchens reibt immer noch ihre Finger an den Handflächen und geht langsam, in kleinen Schritten, näher zu der Toten. Sie geht sehr langsam in die Hocke und schaut die Tote an. Dann kniet sie sich hin, setzt sich auf ihre Fersen und hält die ausgestreckte Hand der Toten.

HELLINGER *zur Stellvertreterin des Mädchens* Sag ihr: »Ich liebe dich.«
STELLVERTRETERIN DES MÄDCHENS Ich liebe dich.

Sie atmet schwer. Sie rückt noch näher zu der Toten. Beide schauen sich in die Augen. Die Stellvertreterin des Mädchens hält eine Hand der Toten mit beiden Händen. Nach einer Weile nimmt sie auch deren andere Hand. Dann richtet sich die Tote auf, und beide umarmen sich innig. Es ist vor allem die Tote, die das Mädchen hält. Sie schaut dabei aber in die Ferne.
   Beide beginnen eine wiegende Bewegung. Nach einer Weile legt sich die Tote wieder auf den Boden auf ihre rechte Seite und schließt die Augen.

HELLINGER *zur Gruppe* Die Tote hat jetzt die Augen geschlossen.
Was ist hier abgelaufen? Das Mädchen hat eine Mörderin vertreten, und die Tote war ihr Opfer. Man konnte die Aggression beim Mädchen sehen. Aber es war natürlich nicht ihre. Sie hat sie für jemanden übernommen.
Autismus ist oft Abwehr gegen einen mörderischen Impuls. Epilepsie manchmal auch.
HELFERIN Der Großvater ihres Vaters ist im Krieg gefallen. Vielleicht war da etwas.
HELLINGER Wir brauchen nicht nachzuforschen. Wir sehen hier die Dynamik. Das genügt, ohne dass wir weitere Informationen einholen müssen.
HELLINGER *zur Stellvertreterin des Mädchens* Jetzt stehst du auf.

Hellinger lässt sie aufstehen und führt sie weg von der Toten weiter zurück.

HELLINGER Wie geht es dir jetzt?

176

STELLVERTRETERIN DES MÄDCHENS *atmet aus und lacht*
Befreit. Erlöst. Leicht.

*Hellinger wählt einen Stellvertreter und stellt ihn vor die Tote,
auf den Platz, wo vorher die Stellvertreterin des Mädchens
stand.*

HELLINGER *zu diesem Stellvertreter* Du bist der eigentliche
Täter.

*Die Tote streckt die Hand nach dem Täter aus. Dieser bleibt
unbewegt.*
  *Hellinger stellt die Stellvertreterin des Mädchens dem Mann
so gegenüber, dass die Tote zwischen ihnen liegt.*

HELLINGER *zur Stellvertreterin des Mädchens* Sag ihm: »Ich
liebe dich.«
STELLVERTRETERIN DES MÄDCHENS Ich liebe dich.

*Daraufhin geht der Täter in die Knie. Er legt sich neben die Tote
und wendet sich ihr zu.*

HELLINGER *nach einer Weile zur Gruppe* Der Mann hat die
Augen noch offen. Das ist ein Zeichen, dass es für ihn noch
nicht zu Ende ist.

*Hellinger lässt die Stellvertreterin des Mädchens sich wegdrehen
und von den beiden weggehen.*

HELLINGER *nach einer Weile zur Gruppe* Ich brauche das
nicht zu Ende zu führen. Es dauert noch eine Weile, bis der
Täter und sein Opfer versöhnt sind und ihre Augen schließen können. Erst dann sind sie im Frieden und wirklich tot.
Erst dann ist auch das Mädchen frei.

177

zu den Stellvertretern Danke euch allen.

zur Helferin Du hast jetzt ein Bild, aber du darfst nichts machen. Merkst du das? Das ist für dich zu groß.

Sie weint.

HELLINGER Schau mich mal an. Ist das Schicksal am Ende nicht wunderbar, zu seiner Zeit? Du darfst darauf vertrauen, dass das, was hier abgelaufen ist, sofort auf das Mädchen zurückwirkt.

Sie weint noch immer.

HELLINGER Jetzt wächst du.

zur Gruppe Der entscheidende Wachstumsschritt ist, wenn jemand plötzlich vor seiner Ohnmacht mit ihr Aug in Auge steht und zugibt: Hier bin ich klein.

zur Helferin Aus dir wird noch eine gute Helferin. Alles Gute dir.

Nachtrag

Sechs Monate später schrieb mir diese Helferin folgenden Brief.

Lieber Herr Hellinger,
ich weiß nicht, ob du dich an mich erinnerst, trotzdem schreibe ich dir nun einen Brief, der viele Worte mit sich bringen wird. Viele Worte, die dir etwas sagen möchten. Meine Worte.

Wir trafen uns im Februar in Idstein auf der Tagung »Wachse und gedeihe, liebes Kind«. Ich machte am letzten Tag diese Supervisionsaufstellung bei dir über das autistische Mädchen, welches mit dem Mörder identifiziert ist. Nun möchte ich erzählen, wie es mir seitdem ergangen ist.

Ich kam in das Seminar und hatte bereits ziemlich viel hinter mir. Mit etlichen Menschen habe ich über dieses Kind gesprochen, Hilfe gesucht, vieles versucht ... Es wurde nicht besser. Mich plagten nach wie vor Alpträume von den vielen grausamen Geschehnissen, die mir begegneten, als Monika noch hier war. Und von diesen schlimmen Gedanken, dass ich für dieses wunderbare Kind keinen Platz in der Welt finden konnte. Denn dass der Platz nicht bei mir ist, war mir sehr klar. Deshalb kam ich zu dir. Ich wollte einen Platz und einen Menschen finden, zu dem ich sie bringen konnte.

Außerdem war mir nicht klar, inwiefern ich Fehler gemacht hatte. Als ich herausbekam, dass Monika schreiben kann und ich nun mit ihr kommunizieren konnte, machten mir ziemlich viele Leute Vorwürfe. Monika schrieb mit niemand anderem. So wurde meine Glaubhaftigkeit stark in Frage gestellt und man warf mir vor, ich wisse nicht, was ich tue. Ich wisse nicht, was es bedeutet, wenn ein solches Kind sich öffnet. Doch mein Gefühl sagte mir sehr deutlich, was ich zu tun hatte, und das Kind sagte es mir auch. Also machte ich weiter und war für das Kind da. Ich bot ihm einen Rahmen, in dem es wachsen wollte und konnte.

In der Heilpädagogik ist es jedoch leider oftmals so, dass zu viele Menschen nicht möchten, dass die jahrelang als »Idioten« Angesehenen auf einmal klug sind. So verpasste mir mein Arbeitgeber das Verbot zu stützen – und weil ich mich nicht daran hielt – auch noch zwei Abmahnungen. Doch da es Monika, nachdem sie ins Internat kam und dort nicht schrieb, sehr schlecht ging, machte ich mir Vorwürfe, ob es nicht besser und einfacher für ihr ohnehin schon schweres Leben gewesen wäre, wenn sie sich nicht geöffnet hätte. Ich kam in große moralische Konflikte, zumal ich in den nächsten zwei Jahren bei neun anderen geistig schwerstbehindert geglaubten Kindern merkte, dass sie schreiben können. Monika fragte ich einmal, ob es vielleicht besser gewesen wäre, wenn ich sie im ganz tiefen Autismus gelassen hätte. Sie antwortete: »Vielleicht wäre es besser gewesen, aber es war eine Wahnsinnserfahrung mit dir.«

Ich machte damals noch meine Ausbildung, litt furchtbar unter Gastritis, chronischem Schnupfen und chronischer Mittelohrentzündung. Ich schob dies alles auf meine Ausbildung und auf den Stress, unter dem ich wegen meiner enormen Prüfungsangst permanent stand. Doch interessanterweise sind die Symptome seit der Aufstellung weg. Mein erster Gedanke, als ich von der Bühne ging, war: Gott sei Dank, ich muss nicht mehr krank werden! So konnte ich meine Ausbildung im letzten Monat mit Leichtigkeit erfolgreich abschließen.

Monika schrieb ich zwei Wochen nach dem Seminar einen Brief. Vor ca. sechs Wochen traf ich sie, als sie zu Besuch bei ihrem Vater war. Zwei Nächte, bevor ich kam, sprach Monika erstmals im Schlaf. Der Vater berichtete, sie habe mit sehr unangenehmer Stimme gesagt: »Du kannst hier nicht kuscheln, geh weg!« Fünf Minuten später hatte sie einen schlimmen Krampfanfall.

Als ich mit ihr allein war, schrieb sie: »Ich liebe dich jetzt noch mehr, weil du nicht mehr traurig wegen mir bist. Gut, dass du auf dem Seminar warst.«

Bevor ich Monika kennen lernte, wusste ich nichts von gestützter Kommunikation und davon, dass behinderte Menschen klug sind. Sie zeigte mir dies alles, und was ich tat, war, mich auf sie einzulassen, sie zu lieben und zu sehen, auf welchen Weg sie mich führt. Seminare über gestützte Kommunikation und Stützerkurse habe ich erst gemacht, als ich bereits lange mit ihr schrieb. Von dem, was dieses achtjährige Mädchen mir beigebracht und in mir verändert hat, war vieles bedeutend für mittlerweile zwölf andere Kinder, die nun kommunizieren können.

Bei einem Mädchen (Luise, acht Jahre) kam ich nicht recht weiter. Ich spürte, dass sie schreiben wollte, aber sie testete mich ohne Ende. Und da kam mir die Erinnerung an das Bedeutsamste, was Monika mich lehrte: Vertraue deinem Gespür. Ich wünschte sie mir so sehr herbei. Dann ging ich in einen Blumenladen, kaufte einen kleinen Strauß, nahm eine Kerze mit und stellte beides bei der Arbeit auf den Tisch. Und plötzlich spürte ich wieder diese vertrauende Kraft, die mich damals bei Monika umgab. Luise schrieb an diesem Nachmittag erstmals vollständige Sätze. Später sprachen wir im Stuhlkreis mit allen Kindern über Monika. Darüber, was wir ihr zu verdanken haben und wie viel sie uns hinterlassen hat. Als ich meine Ausbildung beendete, war das besonders für die nicht sprechenden Kinder schwer. Am letzten Tag weinten sie sich auf meinem Schoß aus. Beim Abschiedsstuhlkreis stand Luise auf, stellte sich vor mich, verbeugte sich einige Sekunden und setzte sich wieder hin.

Mittlerweile habe ich viel erfahren über die Kinder, die ich stütze. Es ist zum Verzweifeln, aber im Bereich der gestützten Kommunikation gibt es fast ausschließlich Erfahrungsberichte und Bücher über Stütztechniken. Meiner Meinung nach ist gestützte Kommunikation eine innere Haltung gegenüber einem anderen Menschen. Mit welcher Technik ich dann seinen Arm berühre, ist völlig egal. Deshalb verstehe ich nicht, was unter Fachleuten geschieht und diskutiert wird.

Ebenfalls bin ich Kindern begegnet, mit denen ich schrieb, und die mit keinem anderen schreiben wollten. Nach ein paar Monaten gingen alle Fähigkeiten rückwärts, und anstatt Fortschritte zu sehen, wurde alles mühsam.

Ich sprach mit den betreffenden Kindern darüber und bekam mehrfach die Antwort, dass sie nicht aus dem Autismus herauswollen. (»Wenn ich daran denke, was ich dann alles können und tun muss, wird mir schlecht.«)

Ich darf diese Kinder jetzt noch stützen, aber ich darf nichts erwarten und nichts unternehmen. So kann ich die Beziehung zu ihnen aufrechterhalten.

Nach der Aufstellung war ich ein paar Tage lang pausenlos am Weinen, aber ich war gar nicht traurig. Ich war erleichtert und weinte all die Tränen heraus, die in den Jahren zuvor bereits rauswollten, aber den Weg nicht fanden. Und noch etwas ist interessant. Was ich über Monika erfahren hatte, war nicht überraschend für mich. Tief in mir kannte ich den Mörder bereits. Vielleicht ist es das, was mich so sehr von anderen Menschen unterschied und sie nur mich zum Schreiben ausgesucht hat. Weil ich bedingungslos war und sie mit all ihren Seiten liebte und noch immer liebe. Ich hielt sie fest in meinen Armen ...

Ich verstehe jetzt einige Sätze von ihr besser, Sätze, die mir früher Rätsel waren und deren Intensität ich schwer einordnen konnte. Meine Gefühle verrieten mir eine sehr hohe Intensität, aber mein Verstand konnte damit nichts anfangen. Zum Beispiel: »Du bist mein Vorbild. Ich wäre gern wie du. Wenn ich erst liebevoll bin wie du, dann bin ich dem Autismus entkommen.«

Daraus resultierte dann auch: »Das Einzige, was sich im Leben gelohnt hat, war es, dir zu begegnen.«

Bei diesen Sätzen war Monika acht Jahre alt. Und jetzt weiß ich, was sie gemeint hat.

Mir ist ohnehin erst nach der Aufstellung klar geworden, an was für einem großen Wunder ich teilgenommen hatte. Mir war das vorher nicht so sehr bewusst.

Ich verstehe das alles jetzt viel besser und bin froh darum. Und es zeigt mir auch, dass Monika eine stille

Ahnung hat, was mit ihr ist und wie viel besser sie das akzeptieren konnte als ich.

Was ich bei dir über das Schicksal erfahren hatte, berührte mich besonders. Wie hatte ich das in meiner Ohnmacht nur so vergessen können? Nach dem Seminar zog ich auf meinen Lieblingsfelsen im Wald, auf dem ich bereits damals mit dem Schicksal sprach, als ich mir sehnlich wünschte, mit Monika reden zu können. Ich sagte dem Schicksal, wie es mir Leid tut und wie ich dazugelernt hatte.

Nun geht es mir gut und die Alpträume sind auch weg. Manchmal werde ich wieder traurig. Dann weine ich ein bisschen und bin wieder frei.

Ein paar Tage nach der Aufstellung setzte ich mich an mein Klavier, um ihm in meiner Musik zu erzählen, was ich erlebt habe. Meine Finger drückten ein paar Tasten hinunter, und ich war ganz verblüfft über die Kraft, die auf einmal aus meinem Klavier herauskam. Waren das wirklich meine Töne? Sie sind noch immer so.

Es änderte sich auch mein Gang. Anfangs war es ungewohnt, aber ich gehe nun aufrechter. Und ich konnte auf einmal so viel lächeln. Ich fühlte mich, als hätte ich einen Mantel ausgezogen, und merkte erst dann, wie schwer dieser Mantel war.

Seit Anfang dieses Monats arbeite ich in einer Sonderschule mit über einem Drittel nicht sprechender Kinder. Doch diesmal habe ich einen Chef, der hinter mir steht und mich unterstützt. So konnte ich bereits in der ersten Arbeitswoche bei drei Kindern herausfinden, dass sie schreiben können.

Für meine Arbeit im Familien entlastenden Dienst habe ich so viel gelernt! Vor allem, was die Elternarbeit betrifft. Achtung und Respekt vor den Eltern zu haben ist etwas, worin sich viele Pädagogen noch üben müssen. Und ich möchte dir sagen, dass ich von dir Wissen erlangt habe und zum Teil umsetzen konnte, welches vielen Kindern und deren Eltern gut getan hat.

Ich möchte in Zukunft noch mehr von dir lernen und ich möchte noch mehr erfahren über diese Kinder, die so behindert tun und so klug sind. Ich möchte mir das aus systemischer Sicht gern anschauen. Ich hoffe, dass mein neuer Arbeitgeber mir die eine oder andere Fortbildung ermöglicht, da ich sie immer nur besuchen kann, wenn ich gesponsert werde oder wenn ich eine großzügige Ermäßigung bekomme.

Der Erinnerung und meinen Gefühlen, als ich neben dir auf der Bühne saß, habe ich einen großen Platz in meinem Herzen gegeben. Nie werde ich vergessen, wie geborgen, geliebt und umarmt ich mich in deiner Nähe gefühlt habe.

Mit allem, was ich von dir aus Büchern erfahren habe und wie ich dich erlebt habe, gibst du mir so viel, wie ich es in Worten nicht zu sagen vermag.

Ich danke dir.
Deine Melanie

WEGE DER LIEBE

Vorbemerkung

Die großen Liebes-Geschichten erzählen von der Liebe, die Menschen verbindet, die sich vorher vielleicht abgelehnt oder sogar bekämpft haben. Sie überwinden das Trennende. Sie sind Geschichten der Liebe für unsere Zeit.

Liebe in unserer Zeit ist jene Liebe, die unserer Zeit angemessen ist, die das bisher Getrennte wieder zusammenbringt. Sie ist jene Liebe, die jenseits der Unterscheidungen von Guten und Bösen und von Wir und die Anderen so weit und so offen ist, dass sie jedem das gleiche Recht und die gleiche Zustimmung schenkt. Sie bewirkt, dass wir das allen Menschen Gemeinsame als das Eigentliche und Große erfahren. Denn erst durch die Anerkennung des uns allen Gemeinsamen kann jeder so sein und so bleiben, wie er ist.

Die Geschichte dieser Liebe ist die schönste Liebes-Geschichte, die eigentliche, die allen Menschen gemeinsame Liebes-Geschichte, in der wir alle da sein dürfen, wie wir sind.

185

WOHIN?

Die Größe

Was macht einen Menschen wirklich groß? Das, was er mit allen Menschen gemeinsam hat. Nichts an uns kann größer sein als das, was wir mit allen Menschen gemeinsam haben.

Wie alle anderen Menschen, so haben auch wir einen Vater und eine Mutter. Wie sie, so sind auch wir eingebunden in eine besondere Kultur, in eine besondere Sprache, in besondere Sitten. Wie sie, wachsen auch wir auf in einer bestimmten Familie. Wie sie, sehnen wir uns, wenn wir erwachsen geworden sind, nach einem Partner und nach einer Paarbeziehung. Und wie sie, so haben wir Kinder, an die wir das Leben weitergeben. Wie sie, haben auch wir ein besonderes Schicksal, und wie sie, werden auch wir alt und sterben.

Gibt es etwas, was uns hier größer oder kleiner sein lässt? In dieser Hinsicht sind wir alle gleich groß und gleich klein.

Wozu also die Überheblichkeit, die wir manchmal fühlen und zeigen? Gibt es einen Grund und eine Rechtfertigung dafür?

Nur als Mitglied einer Gruppe fühlen wir uns anderen überlegen. Auch darin sind wir allen anderen Menschen gleich. Denn als Mitglied unserer Familie und der besonderen Gruppe, der wir unser Überleben und unsere Sicherheit verdanken, erfahren wir uns an sie auf eine Weise gebunden, dass wir in unserem Grundgefühl und in unserer Loyalität zu ihr über uns hinauswachsen. Durch diese Bindung gewinnen wir ein Wir-Gefühl, an dem unser an sich kleines Ich sich nährt und aufbläht. Dadurch grenzen wir uns von anderen Gruppen ab, schützen uns und wehren uns gegen sie.

Da alle Menschen diese Bindung brauchen und sich entsprechend verhalten, sind sie einander auch in dem, was der Anerkennung ihrer wesentlichen Gleichheit scheinbar entgegensteht, im Letzten gleich – gleich groß und gleich abhängig und klein.

Wo ist hier das Göttliche? Wo wirkt es unmittelbar? Wirkt es in uns als Einzelnen? Oder wirkt es auch und vor allem in der Gruppe?

Mein Bild ist, es wirkt nur im Einzelnen, in seiner Seele und in seinem Geist. So, wie die Gruppen kein eigenes Leben haben, sondern nur durch die Einzelnen leben, ist es auch mit der göttlichen Bewegung, der schöpferischen Bewegung in allem, was lebt. Sie lebt im Einzelnen, und in den Gruppen nur durch den Einzelnen. Daher finden wir das Göttliche nicht in einer Gruppe oder durch eine Gruppe und in einer Gruppenbewegung, sondern letztlich nur in uns selbst und bei allen anderen Menschen gleichermaßen einzeln.

Aus einem Vortrag in Germering 2005

Nur die Liebe hat Zukunft

Welche Liebe hat Zukunft? Jene Liebe, die alles einschließt, statt dass sie etwas ausschließt. Jene Liebe, die verbindet, statt dass sie trennt. Wenn wir auf unsere Eltern schauen: Schließen wir etwas von ihnen aus? Was geschieht in unserer Seele, wenn wir etwas von ihnen ausschließen? Haben wir dann unsere Eltern wirklich?

Oder gehen sie uns verloren – teilweise und manchmal sogar ganz?

Liebe und Leben

Wir schauen jetzt auf unsere Eltern, wie sie sind, genauso, wie sie sind, ganz gewöhnlich, gewöhnlich wie wir. Auch sie waren Kinder. Auch sie waren beeinflusst von ihren Eltern und von dem, was in ihrer Familie passiert ist. Und sie haben Grenzen, genauso wie wir. Wir schauen sie an, die Mutter, den Vater. Wir sehen hinter ihnen ihre Eltern – und dahinter deren Eltern – und deren Eltern – und deren Eltern, endlose Generationen. Durch alle diese Generationen ist das Leben zu uns geflossen, und zwar rein. Niemand konnte ihm etwas hinzufügen, niemand konnte ihm etwas wegnehmen. Im Nehmen des Lebens und im Weitergeben des Lebens waren sie alle vollkommen. Keiner war besser, keiner war schlechter.

So schaue ich jetzt auf meine Eltern. Ich sehe hinter ihnen alle diese Generationen und sehe, wie das Leben durch alle diese Generationen und durch diese meine Eltern auf mich überfließt. Ich mache mein Herz und meine Seele weit. Ich sage ihnen: »Danke, ich nehme es von euch, genauso, wie es mir von euch zukommt. Ich nehme es mit allem Drum und Dran – und zum vollen Preis, den es euch gekostet hat und den es mich vielleicht kostet. Ich mach etwas daraus, euch zur Freude. Es soll nicht umsonst gewesen sein. Und wenn ich darf, gebe ich es weiter, so wie ihr. Ich nehme euch als meine Eltern, und ihr dürft mich haben als euer Kind. Ihr seid die Richtigen für mich, und ich bin euer richtiges Kind. Danke.«

Unsere Eltern geben, und wir nehmen. Unsere Eltern sind groß, und wir sind klein. Wir sind so lange klein, bis wir alles von unseren Eltern genommen haben, was sie uns schenken. Dann stellen wir uns neben sie und geben weiter, was sie uns gegeben haben – mit Liebe. In dem Augenblick werden wir ihnen ebenbürtig und groß.

Die Zustimmung

Natürlich haben unsere Eltern auch Fehler. Manches haben sie aus unserer heutigen Sicht falsch gemacht. Nun stellen wir uns vor, wir hätten ideale Eltern gehabt, in jeder Hinsicht ideal, und alles wäre wunderbar gelaufen. Wie tüchtig wären wir für das Leben geworden? Doch gerade die Fehler, die Herausforderungen, das, was uns abverlangt wurde, manchmal auch mit großem Schmerz, geben uns eine besondere Kraft, wenn wir dem Leben zustimmen.

Wir können das einüben für uns. Wir schauen jetzt alles an, was in unserer Familie abgelaufen ist. Wir sehen, was wir ausklammern wollen, was wir weghaben wollen und wie arm wir werden, wenn wir uns so verhalten.

Jetzt gehen wir den umgekehrten Weg. Wir schauen alles an, genau so, wie es war, und sagen zu allem: »Ja. So war es. Ich stimme ihm zu, genau so, wie es war. Ich mache etwas daraus. Ich lerne davon und gewinne dadurch Kraft.«

Jetzt können wir uns vorstellen, wie es ist, wenn jemand aus einer idealen Familie kommt. Kann er mit anderen mitfühlen? Kann er Barmherzigkeit fühlen? Oder ist er vom lebendigen Leben vielleicht weit gehend abgeschnitten?

Wenn wir auf uns schauen und auf andere, die manches Schwere mitgemacht haben, wie anders können sie mitfühlen mit anderen und wie viel mehr Kraft haben sie auch, anderen beizustehen und andere zu lieben?

Wir sehen, unsere gewöhnlichen Vorstellungen von Gut und Böse greifen hier nicht mehr. Es sind gerade auch die eigene Schuld und die Schuld, die andere uns gegenüber haben, aus der etwas wächst, was uns für die größere Liebe fähig macht. So gewinnen wir aus der Zustimmung zu unseren Eltern, wie sie sind, und aus der Zustimmung zu allem, wie es war, ohne jedes Bedauern, ohne jeden Vorwurf und ohne jede Anklage, die Kraft zu einer Liebe, die nicht nur nimmt, sondern auch gibt.

Die Liebe zwischen Mann und Frau

Fast alle von uns träumen von der erfüllten Liebe zwischen Mann und Frau in der Partnerschaft. Doch viele, wenn sie sich verlieben, sehen den anderen gar nicht. Sie sehen nur ein Bild, ein Bild, das der idealen Mutter ähnlich ist, und erwarten, dass sie nun alles bekommen, was ihnen in der Kindheit gefehlt hat. Beide Partner fühlen das Gleiche. Deswegen sind sie verliebt. Das ist ein wunderbares Gefühl. Wir dürfen es genießen und uns daran freuen.

Aber, wie wir alle wissen, diese Liebe auf den ersten Blick dauert nur kurz. Auf einmal steht uns der andere anders gegenüber, als wir zuerst gedacht haben, und wir müssen uns umstellen. Wenn wir uns dann erinnern an unsere Kindheit und an unsere Eltern, und wenn wir in dieser Erinnerung alles nehmen, was uns von ihnen geschenkt wurde bis zu diesem Zeitpunkt, und wenn wir es annehmen, dankbar und erfüllt, gewinnen wir die Kraft, den anderen so anzuschauen, wie er ist. Dann lieben wir ihn, wie er ist, und stimmen ihm zu, wie er ist. Auf einmal müssen wir auch das in uns hineinnehmen, was wir vielleicht an ihm ablehnen, weil es uns fremd erscheint. Jetzt ist die große Liebe gefordert, von der ich vorher gesprochen habe. Die große Liebe schließt mit ein. Sie stimmt allem zu, wie es ist, und gibt ihm einen Platz im Herzen.

Wir stellen uns vor, ein Mann und eine Frau machen das miteinander. Der Mann schaut die Frau an und sagt zu ihr: »Ja. Ich liebe dich, genauso, wie du bist. So bist du für mich wertvoll. Und ich liebe nicht nur dich, ich liebe auch deine Eltern und deine ganze Familie. Denn du gehörst zu dieser Familie. Ich achte deine Familie genau wie meine.« Und die Frau sagt es dem Mann ebenso.

Wir können spüren, was das heißt für ihre Liebe? Jetzt kann zwischen Mann und Frau das volle Geben und das volle Nehmen hin- und herfließen, ohne dass etwas zurückgehalten wird.

Was steht diesem vollen Geben und Nehmen entgegen? Wenn wir in der Kindheit nicht genommen haben, was unsere Eltern uns vermittelt und geschenkt haben. Wo immer es Schwierigkeiten gibt in der Partnerschaft, beginnt die Lösung nicht so sehr beim Mann und der Frau. Sie beginnt bei den Eltern. Erst durch sie wird unsere Liebe voll.

Ja, Danke, Bitte

Wir schauen jetzt auf unseren Partner oder jemand anderen, mit dem wir nahe verbunden sind. Wir schauen ihn an und sagen zu ihm: »Ja.« Ich stimme dir zu, genauso, wie du bist, mit allem Drum und Dran. Du darfst genauso sein, wie du bist. Ich nehme dich genau so. Ich liebe dich genau so. Ich freue mich an dir, genau, wie du bist.

Und ich schaue über dich hinaus auf deine Eltern, auf deine Mutter, auf deinen Vater, auf deine Geschwister. Ich stimme ihnen zu mit Liebe, so, wie sie sind. Du darfst dir sicher sein, dass ich auch deine Eltern in dir liebe und dass ich ihnen mit Achtung begegne. Auch sie dürfen für mich so sein, wie sie sind.

Mann und Frau sagen sich das gegenseitig und schauen sich dabei in die Augen.

Nach diesem »Ja« sagen wir unserem Partner noch ein zweites Wort. Wir sagen unserem Partner: »Danke.« Danke für alles. Ich nehme es von dir genau so, wie du es mir geschenkt hast. Ich achte es. Es ist ein Teil von dir. Ich nehme es in mein Herz. Ich lasse mich davon erfüllen, und ich schenke dir aus dieser Fülle, was mein Herz mir eingibt.

Wenn beide das einander gegenseitig sagen: Welche Fülle der Liebe ist möglich!

Natürlich sind beide Partner auch bedürftig. Der Mann braucht die Frau, weil die Frau etwas hat, was ihm fehlt. Und die Frau braucht den Mann, weil er etwas hat, was ihr fehlt. Sie haben Wünsche aneinander.

Was geschieht, wenn jeder dem anderen noch ein drittes Wort sagt? Das Wort heißt: »Bitte.« Einfach »Bitte«, ohne eine Forderung, denn der Anspruch tötet die Liebe. Nein, nur »Bitte.« Sie sagen sich das gegenseitig. Sie anerkennen, dass sie beide bedürftig sind und dass sie zugleich dem anderen etwas schenken können, was ihm wertvoll und wichtig ist.

Aus dem »Ja« und dem »Danke« und dem »Bitte« wächst zwischen ihnen die Liebe, die Zukunft hat.

Verstrickungen

Es ist eine der wichtigen Einsichten über das Familien-Stellen, dass wir alle in vielfältiger Weise eingebunden sind in die Schicksale unserer Familie. Es gibt in einer Familie ein gemeinsames unbewusstes Gewissen, eine tiefe Bewegung in der Seele, die nicht duldet, dass irgendjemand ausgeschlossen wird oder abgelehnt oder vergessen. Wenn so etwas geschieht, wird unter dem Druck dieses kollektiven Gewissens später in dieser Familie jemand dazu bestimmt, den Ausgeschlossenen zu vertreten. Dann fühlt diese Person genauso wie die ausgeschlossene Person. Statt dass diese Person ihr eigenes Leben leben kann und darf, muss sie das Leben einer ausgeschlossenen Person leben.

Sie ist mit einem fremden Schicksal verstrickt. Bei vielen Schwierigkeiten in einer Familie, zum Beispiel zwischen Eltern und Kindern, oder wenn ein Kind sich seltsam verhält, oder zwischen Mann und Frau, wenn plötzlich der eine merkt, dass der andere in eine Richtung geht, die er nicht mehr verstehen kann und auf die er keinen Einfluss hat, wirkt eine solche Verstrickung. Dann ist die Liebe auf eine neue Art gefordert.

Über das Familien-Stellen können solche Verstrickungen ans Licht gebracht werden. Die Lösung ist die gleiche wie bisher. Was ausgeschlossen war, wird hereingenommen und bekommt einen Platz in der eigenen Seele und in der Familie. Dann erst sind die anderen, die verstrickt waren, frei. Es ist eine der großen Errungenschaften des Familien-Stellens, dass Schwierigkeiten, für die wir sonst überhaupt kein Verständnis haben, auf einmal sinnvoll erscheinen, und dass wir, wenn wir uns dem stellen, für uns und für den anderen eine gute Lösung finden.

Ich habe Ihnen einen Überblick gegeben über die Liebe, die Zukunft hat. Ich werde jetzt mit jemandem arbeiten und zeigen, wie man die Hindernisse der Liebe ans Licht bringt und vielleicht einen Weg findet, dass die Liebe wieder fließen kann.

Beispiel: Zwillingsbrüder

HELLINGER Mich hat ein Herr angesprochen – er sitzt neben mir. Er möchte hier mit mir arbeiten. Er hat mir nur ein Stichwort gegeben, aber ich frage ihn selbst, um was es geht.

KLIENT Das Stichwort war mein Bruder. Ich habe einen Zwillingsbruder. Wir sind aber zweieiig, also keine eineiigen. Wir sehen unterschiedlich aus. An ihm entzündet sich in letzter Zeit eine gewisse Thematik. Die Thematik ist, dass ich ganz tief mich von ihm nicht angenommen fühle und von daher mein Leben nicht leben kann. Das führt manchmal so weit, dass ich das Gefühl habe: »Ich kann nicht mehr.« Dann kommen auch Selbstmordgedanken – ich mache es aber dann nicht. Aber ich habe das Gefühl, dass ich da hilflos bin.

HELLINGER Diese Information genügt mir.

zum Publikum Wir schauen uns das jetzt einmal an aus der Perspektive einer Familienaufstellung. Dazu wähle ich einen Stellvertreter für ihn und einen Stellvertreter für den Zwillingsbruder und stelle sie auf. Wir schauen das an und bekommen dadurch weitere Informationen.

Hellinger wählt die beiden Stellvertreter aus und stellt sie mit etwa drei Metern Abstand einander gegenüber. Der Vertreter des Zwillingsbruders wird unruhig und schaut auf den Boden.

Hellinger bittet die beiden Stellvertreter, genau so zu bleiben, ohne sich weiter zu bewegen. Er wählt zwei weitere Stellvertreter und stellt sie neben die Zwillingsbrüder mit demselben Abstand.

HELLINGER *zum Publikum* Meine Hypothese ist, dass die beiden Zwillingsbrüder etwas austragen für andere in der Familie, aus einer anderen Generation. Wir schauen jetzt, was passiert.

Der Stellvertreter des Zwillingsbruders geht langsam tiefer in die Knie. Hellinger stellt die Stellvertreter der Zwillingsbrüder hinter die Stellvertreter, die neben ihnen standen, und nimmt sie damit aus der Schusslinie.

HELLINGER *zum Publikum* Der Mann, der vor dem Zwillingsbruder steht, macht die gleiche Bewegung wie dieser vorher. Auch er schaut auf den Boden. Das heißt, von der Erfahrung her, er schaut auf einen Toten.

Hellinger wählt einen weiteren Stellvertreter und lässt ihn sich vor diesen Mann mit dem Rücken auf den Boden legen. Der Stellvertreter des Zwillingsbruders hat sich inzwischen weit nach hinten zurückgezogen.

HELLINGER *zum Stellvertreter des Zwillingsbruders* Wie geht es dir jetzt?

ZWILLINGSBRUDER Ich habe dort sehr gezittert. Ich musste mich auf den Beinen halten, sonst hätte es mich runtergezogen. Jetzt sehe ich meinen Bruder zum ersten Mal.

HELLINGER *zum Publikum* Die beiden Zwillingsbrüder müssen stellvertretend etwas übernehmen, was mit ihnen gar nichts zu tun hat.

zum Stellvertreter des Klienten Wie geht es dir da?

STELLVERTRETER DES KLIENTEN Ich habe immer den Eindruck, ich muss auf meinen Bruder aufpassen. Es freut mich, dass ich ihn sehe.

HELLINGER *zum Klienten* Ihr beiden Brüder seid jetzt miteinander verbunden. Bei den anderen Stellvertretern läuft das Eigentliche ab. Es hat mit euch nichts zu tun. Da ist eine systemische Verstrickung wirksam. Wie geht es dir jetzt?

KLIENT Ein bisschen besser. Was ist mit der Person auf dem Boden?

HELLINGER Das wissen wir noch nicht. Aber ich vermute, dass es etwas mit dem Krieg zu tun hat. Weißt du da was?

KLIENT Mein Vater ist in sehr jungen Jahren noch in den Krieg gekommen. Er hat davon auch erzählt. Mein Vater ist 1969 bei einem Unfall gestorben. Vom Krieg her weiß ich nur, dass er in Gefangenschaft geraten ist. Er ist wohl als junger Mensch auch einmal von zu Hause weggelaufen.

Der Stellvertreter, der vor dem Stellvertreter des Klienten stand, ballt die Fäuste und dreht sich weg.

HELLINGER *zum Publikum* Er ist der Täter. Er dreht sich weg. Ich führe ihn nun etwas näher an den Toten heran.

Hellinger führt ihn näher zu dem Toten, der auf dem Boden liegt. Er schaut zur Decke, geht etwas zurück, schaut kurz auf den Toten und dann geradeaus.
   Hellinger stellt nun den Klienten diesem Stellvertreter gegenüber, auf der anderen Seite des Toten.

HELLINGER *zum Klienten* Schau den Täter an und sag ihm: »Ich liebe dich.«
KLIENT Ich liebe dich.

Der Täter schaut kurz zur Decke und dann auf den Toten.

HELLINGER *zum Publikum* Seht ihr die Bewegung, die dieses Wort ausgelöst hat?
zum Klienten Sag's noch einmal: »Ich liebe dich.«
KLIENT Ich liebe dich.

Nach einer Weile streckt der Täter die Hand nach dem Klienten aus.

HELLINGER *zum Klienten* Geh zu ihm hin.

Der Klient stellt sich vor den Täter. Beide fassen sich bei den Händen und schauen sich in die Augen. Dabei zittert der Klient heftig.

HELLINGER *zum Publikum* Seht ihr, wie er zittert?

197

Nun schaut der Täter am Klienten vorbei auf den Toten. Er geht einen Schritt auf den Toten zu und kniet sich vor ihm hin. Den Klienten hat Hellinger etwas weiter zurückgestellt. Nach einer Weile stellt Hellinger den Zwillingsbruder vor den Klienten. Sie fassen sich bei den Händen und schauen sich in die Augen. Der Täter hat sich inzwischen neben den Toten gelegt.

Der Klient zieht seine Hände vom Zwillingsbruder zurück. Dieser ist unschlüssig und geht einen Schritt zurück. Dann fasst er den Klienten mit beiden Händen bei den Schultern. Dieser weint, rührt sich aber nicht. Der Zwillingsbruder lässt ihn wieder los.

HELLINGER *zum Zwillingsbruder* Sag ihm: »Ich liebe dich.«
ZWILLINGSBRUDER Ich liebe dich.

Der Täter hat sich inzwischen neben den Toten auf den Rücken gelegt. Hellinger geht zu ihm hin. Er bittet ihn aufzustehen, sich hinter den Klienten zu stellen und ihm die Hände auf die Schultern zu legen.

HELLINGER *zum Publikum* Jetzt wird der Klient ruhig.

Der Zwillingsbruder ist einen Schritt zurückgetreten.

HELLINGER *zum Klienten* Sag deinem Bruder: »Ich liebe dich.«
KLIENT *nach einigem Zögern* Ich liebe dich.

Der Zwillingsbruder streckt beide Hände nach seinem Bruder aus, aber dieser schüttelt den Kopf. Er ist unfähig, sie zu nehmen.

HELLINGER *zum Klienten* Sag ihm: »Bitte.«
KLIENT Bitte.

Der Zwillingsbruder streckt wieder beide Hände nach ihm aus, aber dieser ist noch immer unfähig, sie zu nehmen. Der Zwillingsbruder lässt seine Hände wieder sinken. Dann macht er noch einen dritten Versuch. Diesmal nimmt der Klient die Hände seines Bruders. Er weint, rührt sich aber nicht.

KLIENT *zu Hellinger* Ich fühle mich noch schutzlos.
HELLINGER Bleib bei deiner Bewegung und lass die Augen offen.

Der Zwillingsbruder geht einen Schritt zurück und lässt die Hände seines Bruders los. Dieser hält seine Hände vor sich wie zur Abwehr. Der Zwillingsbruder geht langsam noch weiter zurück und schaut hinter sich zu dem Toten.
Hellinger bittet den Klienten, sich zum Täter hinter ihm umzudrehen. Er dreht sich um, und beide umarmen sich fest und innig. Der Zwillingsbruder schaut immer wieder zu dem Toten, als würde es ihn zu ihm hinunterziehen.

HELLINGER *zum Klienten* Dreh dich noch einmal um zu deinem Bruder.

Der Klient dreht sich um, fasst aber mit beiden Händen rückwärts nach dem Täter, hält sich an ihm fest und schluchzt. Sein Zwillingsbruder geht zu Boden, fasst rückwärts nach dem Toten und legt sich langsam neben ihn.

HELLINGER *nach einer Weile zum Publikum* Der Tote hat jetzt die Augen zu. Ich unterbreche es hier.
zu den Stellvertretern Danke euch allen.

Erläuterungen

HELLINGER *zum Publikum* Ich erläutere für euch, was ihr hier sehen konntet.

Zuerst habe ich nur Stellvertreter für den Klienten und seinen Zwillingsbruder ausgewählt und sie einander gegenübergestellt. Sie haben sich auf eine Weise verhalten, als ob sie keine Zwillingsbrüder wären. Das weist darauf hin, dass sie andere in ihrem System vertreten. Das heißt, dass sie etwas von anderen Personen in ihrer Familie übernehmen. Deswegen habe ich zwei andere Personen dazugestellt, ohne zu wissen, wer sie sind, und habe die Zwillingsbrüder sich zurückziehen lassen. Dann ergab sich zwischen den anderen Stellvertretern eine Bewegung. Der eine schaute auf den Boden, das heißt, er schaute auf einen Toten, und der andere hat die Fäuste geballt. Bei ihm zeigte sich Täterenergie. Er wollte sich auch wegwenden.

Nach dem Bild, das sich gezeigt hat, ist der Tote ermordet worden. Der eine Stellvertreter war also ein Mörder, der andere war ein Opfer. Vielleicht war es im Krieg, dass der eine im Krieg einen Mord begangen hat. Nicht nur als Soldat, sondern wirklich einen Mord. Aber das wissen wir nicht. Wir brauchen es auch nicht zu wissen. Jedenfalls hat der Täter nicht auf das Opfer geschaut, sondern nach oben.

Ein Täter kann sich nicht bewegen, bevor er nicht geliebt wird. Das ist eine der großen Einsichten über das Familien-Stellen. Alle Attacken gegen die Täter führen nur dazu, dass sie sich verhärten.

Daher habe ich den Klienten dem Täter gegenübergestellt und zu ihm sagen lassen: »Ich liebe dich.« In dem Augenblick hat sich der Täter verändert. Er wollte den Klienten an seiner Seite haben und ist dann zu dem Toten hinuntergegangen und hat sich neben ihn gelegt. Aber er war nicht mit ihm versöhnt, denn sie lagen auseinander.

Dann habe ich noch mal versucht zu sehen, ob zwischen den Zwillingsbrüdern dadurch etwas gelöst werden kann, wenn die anderen Stellvertreter noch einmal ins Spiel kommen. Aber es war nicht gelöst, wir konnten das sehen. Der Klient hat stark gezittert und hat nicht gewagt, seinen Bruder zu berühren. Das findet man, wenn jemand mit einem Täter identifiziert sein muss. Deswegen habe ich noch einmal den Täter hinter ihn gestellt, um ihn zu unterstützen. Denn sehr oft zeigt sich in solchen Aufstellungen, dass die heilende Kraft von denen kommt, die am meisten abgelehnt sind. Danach habe ich den Klienten sich zum Täter umdrehen lassen, und die beiden haben sich innig umarmt. Es war sehr bewegend, das zu sehen. Aber, der Klient war weiterhin mit dem Täter identifiziert.

Später hat der Zwillingsbruder sich zu dem Toten gelegt. Das zeigt, dass die Zwillingsbrüder zwischen sich etwas wiederholt haben, unbewusst natürlich, dass der eine sich wie ein Täter fühlte und der andere wie ein Opfer.

Wir haben hier keine endgültige Lösung gesehen. Das brauchen wir auch nicht, weil durch diese Aufstellung in seiner Seele etwas verändert ist.

zum Klienten Du hast jetzt einen anderen Blick auf dich selbst. Du hast einen anderen Blick auf deinen Bruder im Hinblick auf das, was in deiner Familie vielleicht passiert ist. Aber du weißt es nicht. Oder weißt du etwas?

KLIENT Nein.

HELLINGER Doch deine Seele ist jetzt in Bewegung gekommen.

KLIENT Ich hatte oft das Gefühl, dass ich eine Schuld auf mich geladen hätte, und ich habe das ungeheure Bedürfnis, man möge mir verzeihen. Das sind Momente, da könnte ich schreien, dass ich hilflos bin. Wenn ich da keine Hilfe bekomme, werde ich destruktiv. Das ist die Folge davon.

HELLINGER Das zeigt, dass du mit einem Täter identifiziert bist. Es sind seine Gefühle, nicht deine. Wenn man dich gesehen hat, wie du bewegt warst, hast du gezeigt, du warst doch voller Liebe. Voller Liebe. Genau.

Der Klient ist sehr bewegt.

HELLINGER Das wirkt jetzt weiter. Du brauchst jetzt nichts zu tun. Lass es in deiner Seele wirken. Aber erzähle deinem Zwillingsbruder etwas von dem, was du hier erlebt hast. Das ist gut für beide.

KLIENT Das werde ich tun.
HELLINGER Da lasse ich es dann. Alles Gute dir.

Der Klient geht zum Stellvertreter seines Zwillingsbruders. Beide umarmen sich innig. Dann setzt er sich neben ihm. Beifall vom Publikum.

Das Familien-Stellen

Ich möchte jetzt etwas über das Familien-Stellen sagen. Hier, das war ein Beispiel von Familien-Stellen.

Erstens konnte man sehen, dass die Stellvertreter sofort mit etwas anderem verbunden waren. Sie können das nicht spielen. Sie sind verbunden mit etwas, was in dieser Familie wirkt. Für viele ist es ein Ärgernis, dass es ein Wissen gibt, ohne dass man es mitgeteilt hat, einfach vom Erleben und von der Seele her. Das ist beim Familien-Stellen die entscheidende Einsicht gewesen.

Das Zweite ist, sobald wir nur auf den Einzelnen schauen, hier zum Beispiel nur auf ihn und auf seinen Bruder, finden wir keine Lösung, weil das Problem ein systemisches Problem ist. Es hängt mit etwas zusammen, was in dieser Familie vielleicht vor Generationen vorgefallen ist. Dann kann man durch Versuch und Irrtum sehen, wo es eine heilende Bewegung gibt. Hier konnten wir einen Anfang davon sehen.

Viele sagen, man müsste doch eine Lösung finden. Stellen Sie sich vor, wie es ihm geht, hätten wir eine Lösung in diesem Sinne gefunden. Wäre er stärker? Wäre er mehr bei sich? Wäre er mehr im Einklang mit seinem eigenen Schicksal und dem, was in seiner Familie passiert ist? Oder hätten wir wie ein Kurzschluss etwas zusammengebracht, und danach wäre das Licht ausgegangen?

Die Seele braucht Zeit. Alle guten Ergebnisse kommen aus einem inneren Wachstum. Er hat diesen einen Schritt gemacht, und das genügt. Sie sehen, wie achtsam diese Arbeit ist. Wir achten, was beim anderen ist, wir achten seine Familie, wir achten die Schicksale in seiner Familie, und wir vertrauen, dass eine tiefe Bewegung zusammenbringt, was bisher nicht zusammenkommen konnte.

Resonanz und Dissonanz

Mein Thema war ja: »Nur die Liebe hat Zukunft.« So einfach ist es aber mit der Liebe nicht, weil wir oft verstrickt sind. Ich möchte nun noch eine kleine Übung machen. Ich erzähle dazu kurz etwas über die Familienfelder.

Wir bewegen uns in einem Familienfeld, in einem geistigen Feld, in dem alles, was in der Familie passiert ist, noch immer weiterwirkt. Nichts ist in diesem System vergangen. Alles ist mit allem in Resonanz. Nicht immer zum Guten, auch zum Schweren. Eine der Beobachtungen beim Familien-Stellen ist, dass viele körperliche Beschwerden und viele Krankheiten in Resonanz mit einer ausgeschlossenen Person sind in diesem Feld. Sie sind in Dissonanz mit unserem Körper und in Resonanz mit einer ausgeschlossenen Person.

Sie können die Augen schließen, wenn Sie wollen. Nun gehen Sie in Ihren Körper und fühlen, wo etwas wehtut. Welches Organ leidet? Wo gibt es Schmerzen? Wo ist etwas krank? Dort gehen Sie hin, zu diesem Schmerz, zu diesem Organ. Sie legen sich gleichsam neben dieses Organ, atmen mit diesem Organ, kommen in Einklang mit diesem Organ und in Einklang mit seiner Liebe. In diesem Einklang lassen sie sich von diesem Organ führen. Wo schaut es hin? Wo ist seine tiefe Liebe?

Auf einmal sehen Sie vielleicht jene ausgeschlossene oder die vergessene oder abgelehnte Person – vielleicht ist es sogar nur ein Kind, ein vergessenes Kind oder ein abgetriebenes Kind oder ein weggegebenes Kind. Mit dem Organ sagen Sie zu dieser Person: »Ich liebe dich. Jetzt gebe ich dir in meiner Seele einen Platz.« Sie nehmen diese Person ins eigene Herz mit Liebe. Sie spüren, welche Wirkung es hat in der Seele und im Körper und für dieses Organ. Und Sie nehmen jetzt das Organ auch ins eigene Herz mit Liebe: »Jetzt darfst du bei mir bleiben. Jetzt gebe ich dir in mir Heimat.«

Ich führe diese Übung noch etwas weiter. Wenn in der Familie jemand aus der Rolle fällt, ein Kind zum Beispiel, das sich seltsam verhält, vielleicht drogensüchtig wird oder sonst wie verhaltensauffällig, oder wenn ein Partner sich plötzlich anders verhält, unverständlich für uns im Augenblick, dann legen wir uns neben dieses Kind oder neben diesen Partner, schwingen uns ein in seine Bewegung und lassen uns führen, wohin seine Liebe geht: zu welcher Person, die vielleicht vergessen oder ausgeschlossen ist. Wir schauen mit ihm diese andere Person an und sagen ihr mit ihm: »Ich liebe dich. Auch ich gebe dir jetzt einen Platz in unserer Familie. Jetzt darfst du bei uns bleiben. Jetzt bist du bei uns wieder zu Hause.« Wir spüren, was sich verändert in der Beziehung, im Blick, in der Liebe. Dann verstehen wir vielleicht, was es heißt, wenn ich manchmal sage: »Alle Kinder sind gut.«

Wenn wir so mitgehen, kommt es auf einmal ans Licht: So wie die Kinder sind auch die Eltern gut. Denn was auch immer auffällig ist bei unseren Eltern, sie schauen woandershin mit Liebe. Wenn wir mit ihnen dorthin schauen, wird uns auf einmal bewusst, wie viele Menschen uns wohlgesinnt sind und auf uns warten. Und wie vielen Menschen wir sagen können und vielleicht sagen müssen: »Ich liebe dich.«

Die Vollendung des Glücks

Es gibt nichts Besseres als das, was ist. Es gibt keine besseren Eltern als die, die wir haben, keine bessere Zukunft als die, die vor uns liegt. Was ist, das ist das Größte.

Glück heißt daher, dass ich alles in mein Herz nehme, wie es ist – und mich daran freue. Das ist die Vollendung des Glücks: wenn man sich über die Wirklichkeit freut, wie sie ist, wenn wir uns über unsere Eltern freuen, wie sie sind, über unsere Vergangenheit, wie sie war, über unseren Partner, wie er oder sie ist, über die Kinder, wie sie sind, genau, wie sie sind. Das ist das Schönste.

Diese Freude ist die Vollendung des Glücks. Sie kommt von Herzen. Sie ist weit und sie leuchtet. In ihrer Umgebung geht es anderen gut. Sie schließt viele mit ein. Sie ist zufrieden und dankbar. Sie nimmt und sie gibt.

Die Freude des Herzens

Es gibt so etwas wie die Freude des Herzens. Was ist das, die Freude des Herzens? Die Freude des Herzens strahlt. Sie kommt aus einem erfüllten Herzen und aus einem Herzen, das im Einklang ist: im Einklang mit der eigenen Vergangenheit, auch im Einklang mit dem, was äußerlich gesehen falsch gelaufen ist. Sie ist sogar versöhnt mit der eigenen Schuld. Sie schaut getrost nach vorn. Sie ist mit anderen Menschen verbunden, doch auf gewisse Distanz. Sie dringt nicht in die anderen ein. Andere sind in ihrer Gegenwart sicher.

Diese Freude wird als geschenkt erlebt. Man kann nicht danach streben. Sie hat etwas zu tun mit viel gelungenem Geben. Wenn Eltern auf ihre Kinder schauen und sehen, wie sie gedeihen, sieht man in ihren Gesichtern dieses Strahlen.

WIE?

Der Erkenntnisweg

Es gibt ein Feld der Seele und des Geistes, in dem wir uns bewegen und das es uns ermöglicht, Kontakt aufzunehmen mit unserer Umgebung und mit anderen Menschen. Dieses Feld dehnt sich über Raum und Zeit. Alles, was war, ist in diesem Feld erhalten und wirkt weiter in die Gegenwart herein. Wir sind damit in Resonanz.

Diese Resonanz ist nicht immer nur eine heilsame. Es gibt auch eine Resonanz, die uns bedrücken kann, die uns hemmt und einschränkt. Wir sehen ja beim Familien-Stellen, dass viele in etwas verstrickt sind, das sich in der Vergangenheit in ihrer Familie ereignet hat. Manchmal können wir sehen, dass das, was uns in der Gegenwart beeinflusst, viele Generationen zurückreicht, obwohl wir davon keine Erinnerung mehr haben können und auch keine Informationen.

Die Frage ist: Können wir uns den einschränkenden Wirkungen dieser Resonanz entziehen? Können wir vielleicht einen Raum finden, wo wir vor ihnen sicher sind? Ich habe dazu ein Bild.

Der Ursprung

Auch dieses Feld, mit dem wir in Resonanz sind – vielleicht sind es auch mehrere parallele Felder dieser Art –, hat einen Anfang. Dieser Anfang – anders kann ich mir das nicht vorstellen – ist gesetzt durch eine schöpferische Urkraft. Wenn es uns gelingt, in einem inneren Vorgang durch dieses ganze Feld, mit dem wir in Resonanz sind, zurückzugehen bis an den Ursprung und mit dem Ursprung eins werden, wenn wir sozusagen von diesem Ursprung unmittelbar gesteuert werden, sind wir den einschränkenden Einflüssen dieses Feldes entzogen.

Vielleicht können wir auf diesem Weg zurück an den Anfang auch andere mitnehmen. Zum Beispiel Tote, die noch nicht zur Ruhe gekommen sind. Indem wir uns bis zu diesem Ursprung zurückziehen, ziehen wir sie mit uns dorthin. Dann werden wir dort, am Ursprung, mit ihnen sowohl verbunden als auch frei.

Die Frage ist: Wie erreichen wir den Ursprung? Was ist der Weg dorthin? Wir erreichen ihn durch die vollkommene Leere. Wie erreichen wir die Leere? Wir erreichen sie merkwürdigerweise nicht durch Rückzug, sondern durch Hingehen. Auf welche Weise? Indem wir allem, wie es ist, zustimmen. Allem, auch dem Schlimmen und Gefährlichen, dem Bedrohlichen, dem Bösen. Wir setzen uns ihm aus und stimmen ihm zu, wie es ist.

Was bewirkt dies in der Seele? Wir werden von uns selbst leer. Weil wir allem zustimmen, wie es ist, genau, wie es ist, sind wir mit der Ursache hinter allem eins. Durch diese Hinbewegung und Zustimmung erreichen wir jene Leere, die uns mit dem Ursprung verbindet.

Jetzt zu den Toten, vor denen wir vielleicht Angst haben oder mit deren Schicksalen wir verstrickt sind. Wir schauen sie an, sehen hinter ihnen diese Ursache, stimmen ihnen im Angesicht dieser Ursache zu und nehmen sie damit in diese Ursache mit uns hinein.

Wir können das natürlich auch anwenden auf das Helfen. Wenn wir mit einem Menschen zu tun haben, der uns Schauergeschichten aus seiner Herkunftsfamilie erzählt, stimmen wir ihm und allen, von denen er etwas erzählt hat, zu. Wir stimmen ihnen zu, genau, wie sie sind, und nehmen ihn und seine ganze Geschichte mit, hin zum Ursprung. Von daher, im Einklang mit dem Ursprung, schöpfen wir die Kraft, etwas Wesentliches für ihn zu tun.

Die Leere

Noch etwas zur Leere. Wie erreichen wir die Leere? Es gibt in der christlichen Mystik einen vorgezeichneten Weg. Es ist eigentlich ein philosophischer Weg. Die abendländische Philosophie vernachlässigt diesen Weg, weil sie mit der Mystik bestimmte religiöse Vorstellungen verbindet, als würde sie sich auf Glaubensinhalte stützen statt auf konkrete Erfahrungen. Aber die großen Philosophen, zum

Beispiel viele der großen griechischen Philosophen, waren Mystiker in diesem Sinn. Heraklit zum Beispiel, Plato, Plotin, auch andere große Philosophen. Sie sind diesen Weg gegangen. Er ist der eigentliche philosophische Erkenntnisweg.

Das Wesentliche

Was heißt das? Wenn wir die Dinge betrachten, wenn wir Zustände betrachten, wenn wir ein Problem betrachten, wenn wir nach einer Lösung suchen: Wie können wir das Wesentliche erfassen? Das Wesentliche ist nicht beobachtbar. Das Wesentliche ist das, was sich hinter der Erscheinung verbirgt und sich uns, wenn wir gesammelt sind, auf einmal von sich aus zeigt. Allem künstlerischen Schaffen liegt die Erkenntnis von etwas Wesentlichem zugrunde, das man nicht beobachten kann, das aber im künstlerischen Werk aufscheint. Es ist das Wesentliche, das die Seele berührt, obwohl man es nicht beobachten kann. Am Großartigsten kommt das für mich zum Ausdruck in der Musik. Niemand kann sie beobachten, und doch kommt in ihr etwas von jenseits des Beobachtbaren zu uns herüber, berührt die Seele, heilt sie auch.

Die Sammlung

Noch einmal zurück zum Erkenntnisweg. Wie kommen wir auf ihm zur wesentlichen Erkenntnis? Wir kommen dorthin durch die Sammlung. In der Sammlung gibt es eine doppelte Bewegung, den Rückzug und die Ausrichtung. Beides gleichzeitig. Der Rückzug allein bringt keine Sammlung. Die Sammlung ist auf etwas gerichtet. Sie ist gerichtet auf etwas Wesentliches und auf ein Tun. Eine Erkenntnis, die nicht zu Handeln führt, ist leer. Daher ist die große Philosophie immer angewandte Philosophie, die Anwendung einer Erkenntnis, die auf einem bestimmten Weg gewonnen wurde.

Die Schritte

Jetzt zu dem Weg. Was sind auf ihm die Schritte? Der Weg beginnt mit der Nacht der Sinne. Das heißt, wir ziehen unsere Sinne zurück von der Vielfalt der Einflüsse, treten vom Tag in die Nacht und werden dadurch gesammelt. Die Zerstreuung in das Viele hört auf. Das ist der erste Schritt.

Der zweite Schritt ist die Nacht des Wissens, oder, genauer, die Nacht des Geistes. Was heißt das? Ich lasse mein bisheriges Wissen hinter mir: meine Gedanken, meine Vorstellungen, meine Wahrheiten und werde leer. Leer von jeder Absicht und offen für Unerwartetes. Das ist der zweite Schritt.

Der dritte Schritt ist die Nacht des Willens. Willen heißt begehren, ich will etwas. Durch das Begehren werden wir abgelenkt auf das Vielerlei. Wenn wir in die Nacht des Willens eintreten, hört das Begehren auf. Auf einmal sind wir nur noch ausgerichtet, ohne etwas zu sehen, in ein Dunkel hinein und sind ohne Furcht. Dann zeigt sich plötzlich, wie ein Blitz in der Nacht, etwas Wesentliches, das zu tun ist. Durch diese wesentliche Erkenntnis wachsen wir.

Auf diesem Erkenntnisweg wird uns auch gezeigt, was zu tun und was zu lassen ist, wenn wir anderen helfen.

Das Handeln

Manchmal, wenn mich jemand bittet: »Erkläre mir das«, frage ich mich: Sucht er eine Erkenntnis, die ihn zum Handeln befähigt? Oder will er eine leere Erkenntnis ohne

Handeln und ohne Folgen? Sobald ich merke, dass jemand eine Antwort braucht, weil er handeln will, gebe ich sie ihm, wenn ich sie geben kann. Wenn einer nur neugierig fragt, frage ich mich: »Soll meine Antwort wirklich zum Handeln führen?« Denn ohne Handeln ist die Erkenntnis umsonst.

Wachsen durch Handeln

Sehr viel Helfen folgt der Vorstellung, dass man etwas repariert. Doch in der Seele kann man nichts reparieren. Die Seele erlaubt keine Eingriffe von außen, denn sie ist größer als jeder, der versucht, in ihr etwas von außen zu bewirken. Die Seele will selbst tätig werden. Wir wachsen nur, wenn wir selbst tätig werden. Die Erkenntnisse, um die es hier geht, kommen aus dem Einklang mit einer schöpferischen Kraft, die etwas bewegt. Daher verlangt die eigentliche Erkenntnis immer Handeln. Ohne Handeln daher auch keine Erkenntnis.

Die Seele

Die Seele wartet. Manchmal schaut man auf die Seele, die wartet, und wartet mit ihr. Dann kommt sie in Bewegung, aber langsam wie Wachstum. Wenn man sie ihrer Bewegung überlässt, erreicht sie ruhig ihr Ziel, unauffällig, aber tief. Das, was sie auf diese Weise erreicht, bleibt. Es ist unverlierbar, denn es verbindet mit etwas sehr Tiefem und mit etwas, was über uns hinausreicht. Daher ist die Seele auch still.

Unser Wissen kommt nicht nur daher, dass uns jemand etwas gesagt oder gezeigt hat. Nein, wir sind in unmittelbarer Berührung mit der Seele des anderen, wenn wir uns auf ihn einstellen. Diese Seele, diese größere Seele, gibt uns Einsichten in wichtige Zusammenhänge über das, was in einer Familie zu Glück und Unglück führt. Auch über das, was zu Krankheiten führt und zu Gesundheit.

Es zeigt sich noch etwas. Der Helfer wird zunehmend unwichtig. Es hängt nicht von ihm allein ab, was gelingt, sondern diese größere Seele übernimmt auf einmal die Führung und zeigt uns Möglichkeiten für Lösungen, an die wir vorher niemals denken konnten.

WAS?

Aus einem Kurs in Bad Sulza 2005

Beispiel: Helfen bei Psychosen

HELFER Ich habe eine Klientin, die einen psychotischen Schub bekommen hat. Sie wurde von ihren Kollegen in die Psychiatrie eingeliefert und wird jetzt bis zum Lebensende auf Medikamente umgestellt gegen Schizophrenie und Depressionen.

HELLINGER Was heißt: Bis zum Lebensende?

HELFER Man hat ihr in der Klinik gesagt, sie muss bis zum Lebensende, also für immer, Medikamente nehmen.

HELLINGER Wie alt ist sie?

HELFER Ungefähr 46, vielleicht etwas jünger.

HELLINGER *zur Gruppe* Jetzt schauen wir uns mal diese Klientin an mit Liebe – wohlwollend. Vielleicht können wir uns einfühlen, was diese Gedanken der Ärzte und ihre

Worte, selbst wenn die Klientin sie nicht gehört haben sollte, in ihrer Seele bewirken.

Das andere Feld

Hier müssen wir auch im Auge behalten, dass jeder sich in einem Feld bewegt. In diesem Feld ist alles in Resonanz miteinander. Der Arzt, der einen Klienten behandelt, betritt ein solches Feld.

Das gilt natürlich auch für einen Psychotherapeuten und für einen Helfer. Sobald sie sich auf einen Klienten einlassen, betreten sie ein Feld und sie wirken in diesem Feld. Vor allem durch das, was sie denken.

Ich stelle mir vor, wenn diese Ärzte, oder andere in einer ähnlichen Situation, denken, was sie für richtig halten, und sie wären jetzt hier und ich würde etwas erzählen über meine Einsichten über Schizophrenie, dass sie zum Beispiel nach meiner Beobachtung keine Krankheit ist, sondern eine systemische Situation, in der jemand unter dem Druck des Feldes oder eines gemeinsamen Gewissens plötzlich gezwungen ist, zwei miteinander unversöhnte Personen in seine Seele zu nehmen, nämlich einen Mörder und ein Opfer: Würden sie zuhören? Könnten sie zuhören? Könnten sie sich ändern?

Achtung mit Liebe

Wir schauen diese Ärzte an und sehen sie in ihrem Feld. Wir sehen sie auch mit ihren Eltern, ihren Ahnen, ihren Verstrickungen und – ich wage jetzt ein kühnes Wort – mit dem Mord in ihrer Familie, ohne dass sie davon wissen, weil es vielleicht weit zurückliegt. Wir gehen innerlich mit der Bewegung des Geistes, die allen zugewandt ist, die jedem dieser Ärzte zugewandt ist, die auch ihren Eltern und ihren Ahnen zugewandt ist und allem, was dort geschehen sein mag an Aggression und Leid. Wir bleiben in dieser Haltung ihnen zugewandt. Wir sagen jedem von ihnen: »Ich sehe dich mit allem, was zu dir gehört. Ich achte dich. Und sehe alle, mit denen du zu tun hattest und noch zu tun hast. Ich sehe auch sie mit Liebe, mit ihrem Schicksal, mit ihrer Größe.«

Jetzt spüren wir vielleicht: Was dürfen wir tun? Was darf ich zum Beispiel tun, wenn ich diese Ärzte achte und wenn ich die Klientin achte und wenn ich dieses Feld achte? Was darf ich tun?

Die Lösung

HELLINGER *zum Helfer* Ich darf etwas tun, und das mache ich auch. Ich bin allen zugewandt. Ich mache auch etwas mit dir, was riskant erscheinen könnte, und ich setze deine Zustimmung voraus. Ich mache aber alles mit Achtung, wie du weißt.

Hellinger bittet den Helfer, die Klientin zu vertreten und sich hinzustellen. Als der Helfer dort steht, schüttelt er sich. Er atmet tief und hält sich mit seinen Armen fest. Nach einer Weile geht er in die Hocke und hält sich bei den Händen.

Hellinger stellt nun eine Frau auf. Wie sich später herausstellt, vertritt sie die Mutter der Klientin. Im Verlauf der Aufstellung werden noch zwei Frauen aufgestellt. Es zeigt sich, dass die eine ein Opfer ist, die andere ihre Mörderin. Die Mutter der Klientin zieht es zu diesen beiden Frauen. Sie kniet sich zu ihnen, doch diese wenden sich von ihr ab. Nach einer Weile umarmen sich beide.

Der Stellvertreter der Klientin hat sich auf seine Fersen gesetzt und die Hände vor der Brust gefaltet. Nach einer Weile verneigt er sich tief bis auf den Boden.

Hellinger lässt die Mutter der Klientin aufstehen und führt sie abseits. Sie geht rückwärts am Stellvertreter der Klientin vorbei, der noch immer auf seinen Fersen sitzt, und blickt von ferne auf die beiden anderen Frauen.

Hellinger lässt nun auch den Stellvertreter der Klientin aufstehen und sich wegdrehen. Er steht der Mutter halblinks gegenüber und schüttelt sich.

HELLINGER *zum Stellvertreter der Klientin* Wie geht es dir jetzt?

STELLVERTRETER DER KLIENTIN Ich habe Kälteschauer durch den ganzen Körper und ich zittere ganz toll. Es ist immer noch nicht klar im Kopf.

Hellinger führt nun die Mutter und den Stellvertreter der Klientin wieder vor die beiden Frauen am Boden. Sie schauen zu den beiden Frauen hinunter. Diese wenden beide ihren Kopf zu ihnen.

HELLINGER *zur Gruppe* Die beiden Frauen am Boden lagen beide nebeneinander. Sie hatten sich bei den Händen gefasst und hatten die Augen geschlossen. Als die Mutter und der Stellvertreter der Klientin zu ihnen gegangen sind, wurden sie unruhig.

Hellinger führt nun den Stellvertreter der Klientin und die Mutter wieder weiter weg. Sie stehen nebeneinander. Der Stellvertreter der Klientin schüttelt sich wieder.

Hellinger wählt einen Mann aus und stellt ihn den beiden gegenüber.

HELLINGER *zu diesem Mann* Du vertrittst die Ärzte der Klientin.

Die Mutter verkrampft sich vor Schmerz, dreht sich langsam weg, legt eine Hand vor ihr Gesicht. Sie fasst den Stellvertreter ihrer Tochter beim Arm und sinkt in die Knie.

Nach einer Weile bittet Hellinger den Stellvertreter der Ärzte, sich neben die beiden Frauen auf den Boden zu legen.

Die Mutter und der Stellvertreter der Klientin wenden sich einander zu und umarmen sich innig. Dann gehen sie in der Umarmung weiter weg von den Toten.

Nach einer Weile lässt Hellinger den Stellvertreter der Ärzte wieder aufstehen und führt ihn näher an den Stellvertreter der Klientin und die Mutter. Diese haben sich einander zugewandt und halten sich bei den Händen.

Der Stellvertreter der Ärzte zieht sich langsam von ihnen zurück, behält sie dabei aber im Blick.

HELLINGER *zum Stellvertreter der Klientin* Wie geht es dir jetzt?

STELLVERTRETER DER KLIENTIN Ich habe immer noch Schmerzen im Bauch. Es ist fast unerträglich. Es ist noch nicht weg.

HELLINGER *zur Stellvertreterin der Mutter* Bei dir?

MUTTER DER KLIENTIN Es ist besser. Aber irgendwo ist da der Satz: »Es wird bleiben bis zum Lebensende.« Ich kann nur mit kleinen Schritten gehen.

Hellinger wählt eine weitere Stellvertreterin und stellt sie vor den Stellvertreter der Klientin und die Mutter, die sich beide noch an den Händen halten.

HELLINGER *zu dieser Stellvertreterin* Du bist das Leben.

Beide, die Mutter der Klientin und der Stellvertreter ihrer Tochter, schauen hinüber zum Leben. Dann neigt die Mutter ihren Kopf. Nach einer Weile richtet sie sich auf. Der Stellvertreter der Klientin geht vor ihr in die Hocke, während er sie noch bei den Händen hält. Die Mutter schaut wieder hinüber zum Leben. Der Stellvertreter der Klientin lässt die Hände der Mutter los und bedeckt mit seinen Händen seinen Kopf.

Die Mutter der Klientin macht eine Bewegung, als wolle sie den Stellvertreter ihrer Tochter am Kopf berühren, wagt es aber nicht. Sie zieht sich langsam von ihm zurück, näher an die Seite des Lebens. Auch der Stellvertreter der Klientin steht nun auf, schaut kurz zur Mutter und wendet sich wieder weg.

Das Leben steht mit ausgebreiteten Armen. Die Mutter schaut lange zum Leben hinüber. Dann geht sie auf das Leben zu. Sie legt ihren Kopf auf dessen Schulter und umarmt es innig. Der Stellvertreter der Klientin zieht sich langsam zurück.

HELLINGER *zum Stellvertreter der Klientin* Wie geht es dir jetzt?
STELLVERTRETER DER KLIENTIN In dem Moment, wo ich Abstand nehme, geht es mir gut. Ich wusste vorher nicht, was zu tun war.
HELLINGER Genau.

Erläuterungen

HELLINGER *zur Gruppe* Ich möchte hier etwas erläutern. Also, der Helfer vertritt ja die Klientin. Die erste Frau, die ich aufgestellt habe, ist offensichtlich ihre Mutter. Es hat sich gezeigt: Die Klientin trägt die Psychose für ihre Mutter. Jetzt, wo die Mutter sich dem Leben zugewandt hat, ist die Klientin frei.

Die Mutter war gebunden an etwas aus ihrer Herkunftsfamilie. Das hier – *Hellinger zeigt auf die beiden Frauen auf dem Boden* – ist der Mord. Als die »Mörderin« – ich sage das jetzt mal in Anführungszeichen – näher zur Stellvertreterin der Mutter kam, hat diese Angst bekommen und hat weggeschaut. Sie war also identifiziert mit dem Opfer. Als die Täterin sich neben das Opfer gelegt hat, hat die Stellvertreterin der Mutter die Täterin gestreichelt. Das ist bei dieser Arbeit die entscheidende Bewegung – dass der Täter geliebt wird. Er kann sich erst bewegen, wenn er geliebt wird.

Dann gab es noch einen weiteren Versuch, etwas für andere zu übernehmen, was ja bei Psychotikern die Regel ist. Als daher die Stellvertreter für die Mutter und für die Klientin wieder näher zu den beiden Frauen am Boden wollten, hat das diese gestört. Sie mussten wieder von ihnen weggehen.

Die Stellvertreterin für das Leben war offensichtlich die Mutter der Mutter.

zum Helfer Okay jetzt?

Dieser nickt.

HELLINGER *zu den Stellvertretern* Danke euch allen.

Nachbetrachtung

HELLINGER *zum Helfer, als dieser wieder neben ihm sitzt* Dass du diesen Fall gebracht hast, ist eine große Hilfe für uns, weil es uns Gelegenheit gegeben hat, in diese Tiefen zu gehen. Auf einmal haben wir ein anderes Mitgefühl für Psychotiker.

Eric Berne, der Begründer der Transaktionsanalyse, hat mal eine Geschichte erzählt. In einer Familie mit vielen Kindern hat die Mutter zu ihnen gesagt: »Ihr kommt alle noch ins Irrenhaus.« Die Mädchen wurden schizophren, und die Buben wurden Psychiater. Hier konnten wir auch sehen, dass jemand nicht zufällig Psychiater wird.

Ich möchte hier anfügen, dass ich vor den Psychiatern eine große Hochachtung habe. Als ich meine psychoanalytische Ausbildung gemacht habe, mussten wir in Wien in der Psychiatrie hospitieren. Als ich beobachtet habe, wie die Psychiater mit den Patienten umgegangen sind, wurde ich sehr demütig. Aber es ist ganz klar, wenn jemand einen solchen Beruf ergreift, wirkt hinter ihm ein besonderes Schicksal. Er kann diesen Beruf nicht frei wählen. Da will in seiner Familie noch etwas gelöst werden. Wenn er das tun kann, ohne dass es auf Kosten anderer geschieht, wie das vielleicht auch sein könnte, hat er einen Zugang zu neuen Lösungen, mit viel größerer Offenheit.

Es wurde in der Aufstellung auch klar, dass es in der Familie des Arztes, der hier vertreten wurde, auch Psychosen in seiner Herkunftsfamilie gab. Das konnte man hier sehen. Deswegen kann man auch ihn verstehen. Aber ich habe ihn von den Frauen am Boden wieder weggeholt, denn das war nicht sein Platz.

Ich glaube, da kann ich es jetzt lassen.

zum Helfer Alles Gute.

Die Versöhnung

HELLINGER *zur Gruppe* Das war für mich ein sehr eindrückliches Beispiel, wie man mit Psychosen umgehen kann – und dass man völlig unbefangen damit umgehen kann, wenn man um diese Dynamik weiß.

Das Erste ist, dass man nicht auf den Klienten schaut, sondern auf sein System, auf das Feld, aus dem er kommt. Man schaut auf das Unversöhnte in diesem System. Oft kann es nicht erinnert werden. Wenn es nah an der Gegenwart ist, vielleicht noch in der Generation der Großeltern, kann man es erinnern. Manchmal liegt es jedoch vier oder fünf Generationen zurück und kann nicht erinnert werden.

Es ist für die jetzigen Mitglieder des Systems unbewusst. Wenn man aber das System aufstellt, wird deutlich, dass die Energie noch ungebrochen wirksam ist, ohne dass man weiß, woher sie kommt.

Die Energie, die zur Schizophrenie führt, oder genauer die Energie, die von bestimmen Personen ausgeht, ist spürbar. Diese Energie kommt von einem Mörder und seinem Opfer, die noch nicht miteinander versöhnt sind. Man kann dann durch eine Aufstellung über Stellvertreter in der Vergangenheit etwas in diesem System in Ordnung bringen. Dadurch werden die späteren Mitglieder des Systems von der Verstrickung in das in der Vergangenheit noch Ungelöste frei. Dann haben sowohl jene, die ursprünglich davon betroffen waren, ihren Frieden, und die späteren Mitglieder auch.

Von dem, was wir hier gesehen haben, ist klar: Sobald jemand urteilt, kann er nicht mehr helfen. Sobald jemand diagnostiziert, kann er kaum noch in diesem Sinne helfen. Sobald er Medikamente verschreibt mit der Vorstellung von »Das ist es«, ohne dass er darüber hinaus mit Liebe auf das ganze System schaut, kann er in diesem Sinne nur schwer helfen.

Die Täter

Ich habe ein Buch geschrieben über die Arbeit mit Psychosen. Es dokumentiert den ersten Kurs, bei dem ich gewagt habe, mit Psychotikern zu arbeiten. Dieser Kurs ist auch auf einem Video dokumentiert. Es hat wie das Buch den schönen Titel: *Liebe am Abgrund*. Denn das ist die Schizophrenie in der Seele: Liebe am Abgrund. Der, der die größte Liebe hat, nimmt dieses Schicksal auf sich.

Hier zeigt sich auch, was ein Haupthindernis ist für solche, die noch moralisch denken und fühlen. Die Lösung wird möglich, wenn der Täter geliebt wird. Das heißt, zuerst muss er im Herzen des Helfers geliebt und geachtet werden. Denn auch er ist verstrickt. Deswegen muss in einer Aufstellung manchmal einer der Nachkommen dem Täter sagen: »Ich sehe dich. Ich achte dich. Ich verneige mich vor deiner Schuld und deinem Schicksal.« Dann werden die Täter weich.

Noch etwas Merkwürdiges ist hier zu beachten. Ich hatte vor einiger Zeit eine Aufstellung in Taiwan, in der ein Mann sagte, seine Mutter sei schizophren. In seiner Familie wurde der Urgroßvater von seinem Bruder umgebracht. Dann habe ich den Mörder aufgestellt, aber er hat sich verhalten, als sei er auch ein Opfer. Es zeigte sich, dass der Mord offensichtlich von deren Mutter angestiftet worden war. In der Aufstellung haben sich die beiden Brüder mit Liebe versöhnt und die Urgroßmutter hat beide in den Arm genommen. Jetzt waren alle miteinander versöhnt.

In jeder Generation nach einem solchen Ereignis gibt es Schizophrenie oder schizophrenes Verhalten. Denn diese ungelöste Situation, wo in der Familie ein Mörder und sein Opfer nicht versöhnt sind, führt dazu, dass ein späteres Mitglied der Familie beide vertreten muss. Es fühlt das Unversöhnte in seiner Seele und wird verwirrt. Das ist die eigentliche Dynamik hinter der Schizophrenie. Sie zeigte sich bei diesem Mann durch alle Generationen danach.

Er hatte vier Kinder. Als wir seine Familie gleich am Anfang aufgestellt haben, war klar, dass die zweite Tochter in Gefahr war, schizophren zu werden. Nach der Versöhnung der Täter und Opfer fühlten sich die Stellvertreter aus den späteren Generationen alle klar, mit Ausnahme dieser Tochter. Die Stellvertreterin dieser Tochter blieb verwirrt. Dann habe ich die Stellvertreterin dieser Tochter zur

Ururgroßmutter gestellt, der eigentlichen Mörderin. Dort wurde auch sie klar. Die Kraft der Heilung kam also hier von der Mörderin.

Das kann man häufig sehen, auch in anderen Aufstellungen mit Schizophrenen. Das wirft natürlich unsere Weltbilder völlig über den Haufen. Denn es zeigt sich, das Heilende, die göttliche Kraft, ist oft näher beim Täter als beim Opfer und oft näher beim Bösen als beim Guten.

GOTTESGEDANKEN

Aus einem Vortrag in Dornbirn

Die Gottesliebe

Rilke fragt in seinem *Stundenbuch*: Wer lebt es denn, das Leben? Du, o Gott? Bist du es Gott, der es lebt?

Wenn wir diesen Gedanken ins Herz nehmen, dann erfahren wir Gott durch unser Leben, wie es ist. Lebenserfahrung wird dann zur Gotteserfahrung. Vielleicht darf man sogar sagen: Gotteserfahrung ist das Gleiche wie Lebenserfahrung. Nur in unserem Leben erfahren wir auch Gott.

Wenn wir uns dem Leben aussetzen, allem, was in uns lebt und sich in uns vollzieht, dann spüren wir, dieses Leben kommt von woandersher. Es kommt nicht aus uns. Es kommt auch nicht von unseren Eltern, es kommt nur durch die Eltern.

Wenn ich das ernst nehme, begegnet mir in allem Leben Gott. Wenn ich jemandem begegne, begegnet ihm, in mir, in meinem Leben, Gott. Wenn mir ein anderer begegnet, wie immer er ist, begegnet mir in seinem Leben Gott, einfach dadurch, dass er lebt. Nicht nur im menschlichen Leben begegnet mir Gott. Er begegnet mir in allem Leben. Denn in ihm leben wir, bewegen wir uns und sind wir.

Wenn wir auf das Leben als Ganzes schauen, wo ist für uns das Geistige, das Schöpferische mehr spürbar, mehr erfahrbar und verdichtet als im Leben? Hier im Leben erfahren wir, wenn wir uns öffnen, Gott.

Das Gebet

Was ist die Wirkung, wenn wir diesen Gedanken gesammelt in uns aufnehmen?

Wenn wir in uns hineinspüren, in alles, was in uns lebendig ist, und wenn wir uns ihm hingeben, bis wir mit ihm im Innersten im Einklang sind, sind wir von Gott erfasst und werden auf einmal völlig gesammelt und ruhig. Diese Sammlung, dieses sich Überantworten an eine andere Macht, ist eigentlich Gebet. Doch ohne Bitten. Es ist wie schon erhörtes Gebet.

Auf einmal fühlen wir uns in unserer Seele mit allem in tiefster Weise eins und verbunden. Was immer anders ist, als wir es wollen, wenn es sogar so anders ist, dass wir es gegen uns erfahren: In diesem Bild, dass in allem Leben die gleiche schöpferische Urkraft wirkt, lassen wir los von unseren Urteilen. Auf einmal erfahren wir, dass wir Gott nicht für uns haben, sondern dass er uns in allem in seine Dienste nimmt. Was immer mit uns geschieht, sei es auch eine Krankheit oder ein Unglück oder ein Unrecht, es ist in diesem Wollen einer größeren Sache, einem größeren

Ziel dienstbar, und zwar so, dass wir uns selbst dabei zutiefst besitzen.

Wie kann ich diese Erfahrung beschreiben? Wir wissen nämlich nicht, ob wir diese tiefe Bewegung »Gott« nennen dürfen. Doch wie immer, wenn auch das Göttliche als solches für uns geheimnisvoll bleibt, erfahren wir eine jenseitige schöpferische Macht einfach, indem wir leben.

Das Leben

Ich war lange in Südafrika als Missionar bei den Zulus. Da ist mir etwas aufgefallen. Wenn ein Zulu einem anderen begegnet, sagt er: »Sakubona.« Das heißt: »Ich habe dich gesehen.« Der andere antwortet mit den gleichen Worten: »Sakubona.« »Ich habe dich auch gesehen.«

Wenn *wir* in einer solchen Situation das Gespräch fortsetzen, fragen wir in der Regel: »Wie geht es dir?« Die Zulus fragen etwas völlig anderes. Sie fragen: »Usaphila?« – »Bist du noch am Leben?« Und der andere antwortet: »Ngiyakhona.« – »Ich bin noch da.«

Welche Ehrfurcht vor dem Leben! Welche Gotteserfahrung, wenn man das Leben als so etwas Kostbares dauernd vor Augen hat und es lebt!

Manchmal sitzen Zulus stundenlang. Sie sind einfach da und schauen umher, ohne etwas zu tun. Dann komme ich vorbei und frage einen: »Langweilst du dich nicht?« Er antwortet mir: »Ich lebe doch!« Er ist erfüllt von seinem Leben, und – so können wir sagen – er ist erfüllt von Gott.

Der Anfang der Gotteserfahrung

Als wir Kinder waren, haben wir uns auch über Gott Gedanken gemacht. Sie wurden uns nahe gelegt innerhalb der Erfahrung, die uns als Kind möglich und zugänglich war.

Wie haben wir uns als Kinder Gott gedacht? Mit der Erfahrung, die wir als Kinder hatten, haben wir ihn uns als Vater gedacht oder als Mutter. Ein bisschen größer als der leibliche Vater und die leibliche Mutter, aber im Gefühl ihm genauso hingegeben wie der Mutter und dem Vater. So wie wir vom Vater und der Mutter Nahrung und Schutz und Hilfe in jeder Hinsicht erwartet haben, so haben wir das auf gleiche Weise auch von Gott erwartet. Wenn wir zu ihm gebetet haben, ging es um die gleichen Anliegen. Wir hatten ein inniges Verhältnis zu Gott als Vater oder Mutter – und wir blieben vor ihm Kinder.

Viele von uns sind es noch heute. Auch ich bin es noch sehr oft. Wir haben dabei Gott gegenüber ein ähnliches Gefühl wie zu Vater oder Mutter.

Die Eltern und Gott

Nun gibt es hier eine Schwierigkeit. Ich habe viel zu tun mit Familien und mit Kindern, auch den erwachsenen Kindern. Wenn die erwachsenen Kinder über ihre Eltern reden, reden sie vor allem über ihre Mutter. Viele sind enttäuscht von ihrer Mutter und ihrem Vater. Sie machen ihnen Vorwürfe und stellen sich vor, was ihre Eltern anders hätten machen sollen. Da habe ich auf einmal gemerkt: Die, die so über ihre Eltern reden, erwarten von ihnen etwas, was eigentlich nur Gott geben kann. Das heißt, sie haben ihre Eltern und vor allem die Mutter neben Gott gestellt und erwarten von ihr, dass sie wie Gott sein muss. »Arme Mutter!« Und vielleicht auch – ich sage das etwas frivol – »Armer Gott!« Was haben wir hier mit unserer Mutter gemacht? Was haben wir mit diesen Gedanken und Erwartungen mit Gott gemacht?

Vielleicht können wir innerlich unser Gottesbild und unser Mutterbild reinigen.

Es ist so, dass auch ich solche Erwartungen an meine Mutter hatte. Ich habe ihr manchmal innerlich Vorwürfe gemacht. Manchmal habe ich sie gekränkt, und sie hat das gespürt. Dann habe ich ihr vor kurzem in Gedanken einen Brief geschrieben – sie ist ja schon lange tot. Ich habe ihr gegenüber mit diesem Brief Abbitte geleistet. Der Brief ging ungefähr so:

»Liebe Mutter,
du bist eine gewöhnliche Frau wie Millionen anderer Frauen auch. So liebe ich dich, als eine gewöhnliche Frau. Als eine gewöhnliche Frau bist du meinem Vater begegnet, auch er gewöhnlich. Ihr habt euch geliebt und euch entschlossen, ein ganzes Leben zusammenzubleiben. So habt ihr geheiratet, ganz gewöhnlich, und habt euch geliebt wie Mann und Frau, ganz innig. Aus dieser innigen Liebe bin ich entstanden. Ich bin eine Frucht eurer Liebe. Ich lebe, weil ihr euch geliebt habt, ganz gewöhnlich.

Ihr habt auf mich gewartet, neun Monate lang, mit Hoffnung und auch mit Bangen, ob es wohl gut gehen wird für euch und für mich.

Ja, liebe Mutter, dann hast du mich geboren mit Schmerzen und mit Ängsten, wie andere Mütter ihre Kinder auch. Dann war ich da.

Ihr habt mich angeschaut, ihr habt euch angeschaut. Ihr habt euch gewundert: Ist das unser Kind? Und ihr habt Ja zu mir gesagt. Ja, du bist unser Kind, und wir sind deine Eltern. Wir nehmen dich als unser Kind. Dann habt ihr mir einen Namen gegeben, bei dem ihr mich ruft. Und ihr habt mir euren Namen gegeben und überall gesagt: Das ist unser Kind, er gehört uns.

Ihr habt mich genährt und behütet und erzogen über viele Jahre. Dauernd habt ihr an mich gedacht. Ihr habt euch Sorgen gemacht und euch gefragt, was ich wohl brauche. Ihr habt mir so viel gegeben.

Andere Leute haben gesagt, und auch ich habe das manchmal gesagt, dass ihr Fehler hattet, dass ihr nicht ganz vollkommen wart und wie anders ihr hättet sein sollen. Aber so, wie ihr wart, wart ihr für mich richtig. Nur weil ihr so wart, wie ihr wart, bin ich der geworden, der ich bin. Für mich war alles richtig. Danke, liebe Mutter, danke, lieber Vater.«

Jetzt kommt das Wichtige. »Ich entlasse dich, liebe Mutter, von allen meinen Erwartungen und Ansprüchen, die über das hinausgehen, was einer gewöhnlichen Frau zugemutet werden darf. Ich habe genug bekommen, und es reicht. Danke. Und ich entlasse dich, lieber Vater, von allen meinen Erwartungen und Ansprüchen, die über das hinausgehen, was einem gewöhnlichen Mann zugemutet werden darf. Danke.«

Jetzt schauen wir noch über unsere Mutter und über unseren Vater hinaus auf Gott. Was immer Gott auch bedeutet, er bleibt für uns ein Geheimnis. Dennoch sehen wir unsere Eltern in seinem Dienst. Er lebt das Leben meiner Eltern, nicht sie. So wie auch ich sein Leben lebe, nicht meines. Ihr Leben und mein Leben kommen von weit, woandersher. So nehme ich dieses Leben und bin auf diese Weise sowohl mit meinen Eltern als auch mit Gott tief verbunden.

Der gerechte Gott

Dann sind wir größer geworden und haben neue Erfahrungen gemacht. Auch das ist eingegangen in die Gedanken, die wir uns über Gott gemacht haben und vielleicht auch jetzt noch machen.

Wenn uns jemand etwas angetan hat, wollten wir Gerechtigkeit. Wir wollten, dass jemand bestraft wird für das, was er uns angetan hat. Am liebsten hätten wir ihm oft selbst etwas angetan zur Rache und zum Ausgleich. Aber wir haben ja Gott. Er soll das für uns machen. Er soll die Bösen bestrafen.

Unser Bild von Gerechtigkeit war, dass alles Böse bestraft werden muss. Dieses Bild haben wir auch auf Gott übertragen. Wir wollen einen gerechten Gott und stellen uns ihn als gerecht vor.

Was heißt hier gerecht? Gott soll die bestrafen, die uns etwas angetan haben. In diesem Sinne stellen wir uns vor, dass Gott einen Himmel geschaffen hat für die Guten, für uns natürlich, und eine Hölle für die Bösen, die anderen. Ist das nicht ein schreckliches Bild?

Jenseits der Gerechtigkeit

Ich erzähle eine kleine Begebenheit, die mich tief berührt hat. Vor kurzem war ich bei Indianern in Kanada und habe mit einem Häuptling der Algonquin-Indianer gesprochen, William Commanda, über 90 Jahre alt. Er erzählte mir, dass sein Stamm kein Wort für Gerechtigkeit hat. Können Sie sich das vorstellen, kein Wort für Gerechtigkeit? Ich habe ihn gefragt: Wenn jemand einen anderen umgebracht hat, was habt ihr mit dem gemacht? Er sagte: Wir haben uns überlegt, wieso er das gemacht hat. Entweder braucht er Belehrung, oder er braucht Heilung. Entsprechend haben sie ihn behandelt. Dann – und jetzt kommt das für uns Unglaubliche – hat die Familie des Opfers den Mörder adoptiert.

Diese Indianer haben auch ein Gottesbild, aber ein völlig anderes als wir. Wie menschlich! Ich könnte auch sagen: Wie göttlich!

Gerechtigkeit durch Sühne

Ich komme in meiner Arbeit dauernd mit Menschen zusammen, die etwas gutmachen wollen, und das auf viele Weise. Einige zum Beispiel wollen Gerechtigkeit, indem sie sühnen. Das sei auch Gerechtigkeit, meinen sie.

Nun stellen Sie sich vor, jemand hat rücksichtslos einen Verkehrsunfall verursacht, bei dem andere umgekommen sind. Er fühlt sich schuldig und will dafür sühnen. Vielleicht will er sich zur Sühne sogar umbringen.

Wenn jemand solche Gedanken hat, auf wen schaut er? Schaut er auf die Opfer? Überhaupt nicht. Zu ihnen ist er nicht menschlich. Er schaut auf sich, denn er denkt, wenn ich mich umbringe, geht es mir besser. Dann habe ich etwas für die Gerechtigkeit getan. Ist das nicht schlimm?

Auch dieses Bild, dass die Gerechtigkeit Sühne verlangt, übertragen wir oft auf Gott. Das ist ein seltsames Gottesbild. Aber ganze Religionen bauen ihre Lehren auf diesem Bild von Gerechtigkeit auf.

Das Schicksal

Vor kurzem geschah dieses große Unglück im Indischen Ozean mit hunderttausenden von Toten. Dann sagen viele: »Wie konnte Gott das zulassen? Die einen wurden gerettet, und die anderen nicht. Zu denen, die umgekommen sind, war er nicht gut, zu den anderen war er gut.« Hier wirkt in den Seelen ein Gottesbild, dass Gott so sein muss wie ein Vater – für mich natürlich, gerade für mich, als hätte ich ein besonderes Verhältnis zu ihm wie ein Kind zu seinen Eltern und er zu mir, als sei ich sein Kind.

Doch was immer mit uns geschieht, das geschieht auch Gott. Und was immer wir tun, Gott lebt in uns unser Leben. Dieses Leben benutzt das Stoffliche und bildet daraus den Körper, beseelt den Körper und lässt den Körper am Ende los, sodass er zerfällt. Zerfällt auch das Leben? Kann es zerfallen? Kann das Göttliche in uns vergehen?

Wenn jemand stirbt, hat er etwas verloren? Geht es ihm schlechter? Ist er von Gott verlassen? Oder ist er auf eine andere Weise von Gott erfasst? Kann es in dieser Dimension überhaupt eine Unterscheidung von Guten und Bösen geben oder von gutem Schicksal und schlimmem Schicksal? Ist nicht auch der Böse von Gott belebt und wirkt nicht auch durch ihn der gleiche Gott wie durch mich?

Die andere Liebe

Wo immer wir diese Unterscheidungen machen, sagen wir Ja zu dem einen und Nein zu einem anderen.

Jesus kannte diese Unterscheidung nicht. Er hat das in einem Satz zusammengefasst, einem wunderschönen Satz, einfach und schlicht, aber mit weit tragenden Folgen. Der Satz heißt: »Seid barmherzig wie mein Vater im Himmel. Er lässt die Sonne scheinen über Gute und Böse gleichermaßen, und er lässt regnen über Gerechte und Ungerechte gleichermaßen.«

Wenn Gott in uns unser Leben lebt, dann ist er allem, wie es ist, zugewandt. Nichts kann doch gegen ihn sein, ohne ihn, ohne seinen Willen, ohne sein Tun. Wie anders wird unsere Liebe, wenn wir uns dem innerlich öffnen!

Mann und Frau

Ich gehe noch ein bisschen weiter und schaue auf Mann und Frau. In der Liebe von Mann und Frau, in ihrer innigsten Vereinigung, erreicht das Leben seine Fülle, seine größte Verdichtung, seinen Höhepunkt und seine volle Kraft. Dieser Vollzug ist göttlich. Wenn er als Göttliches gewollt und vollzogen wird, ist er die tiefste menschliche Begegnung überhaupt. Er ist auch die spirituellste Begegnung, die am tiefsten religiöse Begegnung. Daher ist sie mit allem, was zu ihr gehört, göttlich, auch mit ihrer Leidenschaft. Diese Leidenschaft ist nicht in unserer Hand und zeigt gerade dadurch, dass sie von woanders herkommt – nämlich von Gott. Das ist ein schönes Gottesbild für uns. Aber ich füge ihm noch etwas hinzu.

Manche haben an ihren Partner eine Erwartung wie an Gott, ähnliche, wie viele von uns sie als Kinder an unsere Mutter hatten. »Armer Partner!« Und auch hier kann ich sagen: »Armer Gott!«

Was wäre hier zu tun, damit wir Gott die Ehre geben und unserem Partner auch? Wir lassen unseren Partner auf der Erde und erlauben ihm, gewöhnlich zu sein. Gerade weil er gewöhnlich ist mit Fehlern und mit einer eigenen Herkunft und einem eigenen Schicksal, ist er sowohl Gott als auch uns am nächsten. Dann hat die Liebe zwischen Mann und Frau eine andere Chance. Sie wird gelassen und nachsichtig. In dieser nachsichtigen Gelassenheit freut man sich aneinander. Worüber freut man sich? Man freut sich im anderen auch über Gott.

Diese Gottesbilder haben eine gute Wirkung. Sie treten Gott nicht zu nahe. Aber uns tun sie gut.

Okay, das war jetzt mein Vortrag. Sie können jetzt Fragen dazu stellen. Dabei greife ich noch einiges auf und führe es weiter.

Fragen

Der unvollkommene Gott

Ich konnte mich nicht erwehren, als ich Sie gehört habe, zu sagen, dass das ein Gottesbild von einer sehr zufriedenen und satten Gesellschaft ist. Ich arbeite viel in Eritrea. Wenn man dort die Menschen sieht, fragt man sich: Wo ist dort Gott?

Hinter solchen Fragen steht immer wieder die Frage nach der Gerechtigkeit Gottes oder auch die Vorstellung, dass Gott lieb ist in unserem Sinne und er in unserem Sinne lieb sein muss. Das ist eine Vorstellung, die aus meiner Sicht Gottes unwürdig ist.

Es gibt aber noch etwas zu beachten. Gott ist unvollkommen. Das ist provozierend gesagt. Aber ich erläutere es.

Hinter allem, was geschieht, ist eine schöpferische Kraft spürbar. Anders können wir uns das nicht vorstellen. Das Schöpferische gibt es aber nur, wo etwas unvollendet ist. Diese schöpferische Kraft schafft nichts Vollkommenes im Sinne von vollständig. Daher ist sie auch dem Konflikt zugewandt, über den es den Fortschritt gibt. Auch der Konflikt und das Unvollkommene sind Teil einer göttlichen Bewegung.

Das ist ein anderer Gottesgedanke, der wichtig ist. Denn unsere Vorstellungen von Vollkommenheit stimmen mit unserer Erfahrung und unserer Beobachtung nicht überein. Nur was unvollkommen ist, kann wachsen. Was vollkommen ist, kann sich nicht mehr bewegen. Also, die Vollkommenheit ist für mich keine Vorstellung, die Gott gemäß sein kann.

Der freie Wille

Es heißt, Gott hat dem Menschen den freien Willen gegeben.
Meine Frage ist: Wofür? Wenn ich Sie richtig verstanden habe,
dann lebt Gott in mir sein Leben, also nach seinem Willen. Ist
also der Gedanke des freien Willens des Menschen eine Illusion?

Der freie Wille ist ein Mythos. Er dient häufig der Rechtfertigung, anderen zu schaden. Wer sich auf seinen freien
Willen beruft, was macht er? Hilft er jemandem oder schadet er jemandem? Ist er egoistisch und schaut er auf sich
oder schaut er auf einen anderen?

Sobald Eltern Kinder haben, haben sie keinen freien
Willen in diesem Sinn und sind dennoch glücklich. In der
Bindung, in der Liebe, hat man keinen freien Willen, weil
man bezogen ist.

Beim Familien-Stellen, für das ich ja vor allem stehe,
kommt ans Licht, dass wir in vielfältiger Weise verstrickt
sind.

Die Verantwortung

Wenn wir keinen freien Willen haben, wo bleibt dann die Ver-
antwortung?

Diese Frage taucht immer wieder auf. Eltern haben auf der
einen Seite in ihrer Bindung an die Kinder keinen freien
Willen. Sie müssen sich dauernd nach dem richten, was
passiert. Dennoch tragen sie dauernd die volle Verantwortung.

Verantwortung ist Liebe. Bei dieser Verantwortung
brauche ich mich nicht auf den freien Willen zu berufen.

Man beruft sich auf den freien Willen und die Verantwortung, wenn man jemanden anklagen will. Man sagt
ihm: Du hast das gemacht und du hast einen freien Willen.

Deswegen bist du dafür auch verantwortlich und musst dafür sühnen. Die Berufung auf die Verantwortung dient häufig dazu, jemanden zu bestrafen, statt ihm zu helfen.

Zum Schicksal gehört die Verantwortung dazu. Da gibt es zum Beispiel Verbrecher. Auch sie sind, so ist mein Bild, in den Dienst genommen. Das heißt aber nicht, dass sie sich für ihre Taten nicht verantworten müssen. Das ist nämlich Teil ihres Schicksals. Eine Verstrickung entbindet uns nicht von den Folgen. Erst wenn wir den Folgen unseres Handelns zustimmen, gewinnen wir in unserem Schicksal, wie immer es ist, unsere Würde und unsere Kraft.

Die Religion

In diesem Blick auf die Eltern kommt mir die Frage: Wie wirkt es auf jemanden, der einen anderen Gott als den Gott der Väter findet, der also zu einer anderen Religion findet als die, die der Herkunft entspricht?

Ich möchte hier etwas sagen über die Religionen. Das ist ja die eigentliche Frage. Wir verbinden die Religionen mit bestimmten Gottesbildern. Deswegen haben wir in der christlichen Religion ein bestimmtes Gottesbild, und die Moslems haben ein anderes Gottesbild usw. Es gibt in den Religionen verschiedene Gottesbilder.

Ich komme hier noch mal zurück auf das gute Gewissen. Wir alle werden unter dem Einfluss unseres Gewissens an eine Gruppe gebunden, und zwar auf Gedeih und Verderb. Ohne diese Gruppe können wir nicht überleben. Wenn wir eine Gruppe verlassen, können wir es nur, wenn wir in einer anderen Gruppe Heimat finden. Wir sind also in jeder Weise auf eine Gruppe angewiesen.

Solche Gruppen bilden ein geistiges Feld. Ich bringe dazu ein ganz einfaches Beispiel.

Eine Sprache ist ein geistiges Feld. Wir treten als Kinder in das Feld unserer Muttersprache ein, ohne dass wir sie lernen. Nur durch das Hören werden wir Teil dieses Feldes. Weil wir uns in diesem Feld bewegen, wissen wir genau, was mit dieser Sprache übereinstimmt oder nicht, ohne dass wir sie gelernt haben.

So gibt es vielerlei Felder, denen wir angehören. Unsere Familie, einschließlich unserer Ahnen, ist auch ein solches Feld.

In einem solchen Feld gibt es gewisse Regeln und Muster. In diesem Feld wird uns auch gesagt, was wir wahrnehmen dürfen und was nicht. Eine Religion ist ein solches Feld.

Viele Gruppen werden durch ihre Religion zusammengehalten. Die Religion hat also eine bindende Wirkung, völlig unabhängig von ihren Glaubensinhalten.

In diesem Feld dürfen bestimmte Dinge nicht wahrgenommen werden. Das Feld schottet sich dagegen ab, damit es seinen Zusammenhalt behält. Deswegen wurden Ketzer, die etwas anderes gepredigt haben, als es der gängigen Religion entsprach, getötet. Weil das für das Feld gefährlich war. Es ging hier also gar nicht um Richtig oder Falsch. Es ging um das Überleben des Feldes.

Es gibt auch heute noch religiöse Gruppen, in denen es lebensgefährlich ist, abzuweichen. Aber nicht nur einfach abzuweichen, sogar schon anderes zu denken. In den Diktaturen war das genauso. Sobald man anders gedacht hat, hat man schon Angst bekommen. Andere haben leicht wahrgenommen, dass man anders denkt. Dann wurde man schon dadurch sofort ausgeklammert.

Mir selbst ist das beim Nationalsozialismus passiert. Ich habe ein bisschen anders gedacht, und die Gestapo hat das wahrgenommen. Sie haben mich in ein Verhör verwickelt, in dem ich sagen musste, was ich dachte. Sie haben mich zu einem potenziellen Volksschädling gestempelt und das in meinem Führungszeugnis vermerkt. Was natürlich wie ein Todesurteil war. Also, ich weiß, wovon ich rede.

Die meisten hier sind katholisch. Das hier ist also weit gehend ein katholisches Feld. Innerhalb dieses Feldes darf man bestimmte Dinge nicht in Frage stellen. Das ist legitim, weil der Zusammenhalt einer Gruppe wichtig ist. Wir können aber, wenn wir den Mut haben, aus dem engeren Feld in ein weiteres Feld eintreten und zum Beispiel auch andere Religionen als ebenbürtig anerkennen, ohne dass wir deren Glauben annehmen, nur im Sinne von: Diese Religion ist für das Überleben dieser Gruppe wichtig und daher gültig. Dann können wir uns von unserer eigenen Religion etwas lösen und werden dadurch innerlich weiter, aber ohne dass wir jemanden bedrohen.

Bei der Religion geht es vor allem um den Zusammenhalt einer Gruppe und nicht um die Wahrheit. Die Wahrheit oder gewisse Lehren oder Riten sind nur ein Mittel, um diese Gruppe zusammenzuhalten. Deswegen bin ich in meinem Buch *Gottesgedanken* diesen Fragen von Richtig oder Falsch und Wahr oder Falsch aus dem Weg gegangen und bin bei der einfachen Beobachtung geblieben. Mir ging es darum, zu erfahren: Was hilft meiner Seele, wenn ich über Gott nachdenke? Auf gewisse Weise ging es mir auch darum: Was gibt Gott die Ehre? Rilke beschreibt das in einem Gedicht:

> *»Ich kreise um Gott, um den uralten Turm,*
> *und ich kreise jahrtausendelang;*
> *und ich weiß nicht: bin ich ein Falke, ein Sturm*
> *oder –* und das möchte ich sein – *ein großer Gesang.«*

NACHBETRACHTUNG

Durch Mitleid wissend

Wirklich wissen können wir nur, was wir auch lieben. Erst die Liebe macht wissend.

Es ist aber eine besondere Liebe, die uns wissend werden lässt. Wirklich wissend werden wir durch die mitfühlende Liebe. In dieser Liebe erfahren wir im Innersten an uns selbst das Schicksal, das einem anderen auch das Letzte einem Menschen Mögliche abverlangt, und sei es selbst sein Ende und sein Scheitern. Daher erfahren wir uns in diesem Mitleid ohnmächtig wie der andere und wie er ausgeliefert und mit ihm vor diesem Schicksal nur noch still.

Dieses Mitleid ist die tiefste Liebe. Sie verbindet im Innersten, doch ohne Handeln und ohne den Versuch, etwas zu wenden. Sie ist mit dem anderen vor einer letzten Macht nur da.

Durch dieses Mitleid wissen wir uns allen Menschen gleich. Ihre Geschichten werden auch unsere Geschichten und unsere auch ihre – sie werden Liebes-Geschichten.

LEITFADEN DURCH DIE VERÖFFENTLICHUNGEN VON BERT HELLINGER

BÜCHER

Einführung und Schulung

Ordnungen der Liebe
Ein Kursbuch
516 Seiten, 174 Abb., 7., korrigierte Auflage 2001
Carl-Auer-Systeme Verlag

Der Austausch
Fortbildung für Familien-Steller
227 Seiten, 141 Abb., 2002
Carl-Auer-Systeme Verlag

Ordnungen des Helfens
Ein Schulungsbuch
220 Seiten, 2. Auflage 2005
Carl-Auer-Systeme Verlag

Zweierlei Glück
Die systemische Psychotherapie Bert Hellingers
Hrsg. Gunthard Weber
338 Seiten, 15 Abb., 14. Auflage 2001
Carl-Auer-Systeme Verlag
Dieses Buch ist auch als Taschenbuch beim Goldmann Verlag
(Arkana) erhältlich.

Paarbeziehungen

Wie Liebe gelingt
Die Paartherapie von Bert Hellinger
Hrsg. Johannes Neuhauser
348 Seiten, 123 Abb., 3., korrigierte Auflage 2002
Carl-Auer-Systeme Verlag

Wir gehen nach vorne
Ein Kurs für Paare in Krisen
273 Seiten, 200 Abb., 2., korrigierte Auflage 2002
Carl-Auer-Systeme Verlag

Liebe auf den zweiten Blick
Lösungen für Paare
239 Seiten, 179 Abb., 2002
Herder Verlag

Liebe und Schicksal
Was Paare aneinander wachsen lässt
249 Seiten, 165 Abb., 2. Auflage 2003
Kösel-Verlag

Eltern und Kinder

Kindliche Not und kindliche Liebe
Familien-Stellen und systemische Lösungen in Schule und Familie
Hrsg. Sylvia Gòmez-Pedra
208 Seiten, 119 Abb., 2., korrigierte und überarbeitete
Auflage 2002
Carl-Auer-Systeme Verlag

Wenn ihr wüsstet, wie ich euch liebe
*Wie schwierigen Kindern durch Familien-Stellen und Festhalten
geholfen werden kann.*
Mit Jirina Prekop

280 Seiten, 104 Abb., 3. Auflage 2002
Kösel-Verlag
Dieses Buch ist auch als Taschenbuch erschienen bei Knaur
(Mens Sana).

Haltet mich, dass ich am Leben bleibe
Lösungen für Adoptierte
216 Seiten, 163 Abb., 2. Auflage 2001
Carl-Auer-Systeme Verlag

In der Seele an die Liebe rühren
Familien-Stellen mit Eltern und Pflegeeltern von
behinderten Kindern
120 Seiten, 80 Abb., 1998
Carl-Auer-Systeme Verlag (vergriffen)

Was in Familien krank macht und heilt

Familien-Stellen mit Kranken
Dokumentation eines Kurses für Kranke, begleitende Psycho-
therapeuten und Ärzte
352 Seiten, 3. Auflage 1998
Carl-Auer-Systeme Verlag (vergriffen)

Was in Familien krank macht und heilt
Ein Kurs für Betroffene
288 Seiten, 197 Abb., 2. Auflage 2001
Carl-Auer-Systeme Verlag

Wo Schicksal wirkt und Demut heilt
Ein Kurs für Kranke
320 Seiten, 165 Abb., 2. Auflage 2001
Carl-Auer-Systeme Verlag

Schicksalsbindungen bei Krebs
Ein Kurs für Betroffene, ihre Angehörigen und Therapeuten

200 Seiten, 116 Abb., 3. Auflage 2001
Carl-Auer-Systeme Verlag

Die größere Kraft
Bewegungen der Seele bei Krebs
Hrsg. Michaela Kaden
193 Seiten, 111 Abb., 2001
Carl-Auer-Systeme Verlag (vergriffen)

Liebe am Abgrund
Ein Kurs für Psychose-Patienten
230 Seiten, 187 Abb., 2001
Carl-Auer-Systeme Verlag

Das andere Sagen
Ein Kurs für Sprechgestörte und ihre Helfer
160 Seiten, 120 Abb., 2003
Carl-Auer-Systeme Verlag

Wo Ohnmacht Frieden stiftet
Familien-Stellen mit Opfern von Trauma, Schicksal und Schuld
255 Seiten, 186 Abb., 2000
Carl-Auer-Systeme Verlag

Frieden und Versöhnung

Der Friede beginnt in den Seelen
Das Familien-Stellen im Dienst der Versöhnung
223 Seiten, 150 Abb., 2003
Carl-Auer-Systeme Verlag

Der Abschied
Nachkommen von Tätern und Opfern stellen ihre Familie
370 Seiten, 260 Abb., 2., überarbeitete und erweiterte
Auflage 2001
Carl-Auer-Systeme Verlag

Rachel weint um ihre Kinder
Familien-Stellen mit Opfern des Holocaust in Israel
288 Seiten, 2004
Herder Verlag

Der große Konflikt
Die Antwort
255 Seiten, 2005
Goldmann Verlag

Vorgehensweisen

Finden, was wirkt
Therapeutische Briefe
232 Seiten, 11. Auflage 2003
Kösel-Verlag

Verdichtetes
Sinnsprüche – Kleine Geschichten – Sätze der Kraft
109 Seiten, 5. Auflage 2000
Carl-Auer-Systeme Verlag

Mitte und Maß
Kurztherapien
262 Seiten, 147 Abb., 2. Auflage 2001
Carl-Auer-Systeme Verlag

Die Quelle braucht nicht nach dem Weg zu fragen
Ein Nachlesebuch
388 Seiten, 2. Auflage 2002
Carl-Auer-Systeme Verlag

Liebes-Geschichten
zwischen Mann und Frau, Eltern und Kindern, uns und der Welt
256 Seiten, 2006
Kösel-Verlag

Dialoge

Anerkennen, was ist
Gespräche über Verstrickung und Lösung
Mit Gabriele ten Hövel
220 Seiten, 13. Auflage 2003
Kösel-Verlag

Mit der Seele gehen
Gespräche mit Bert Hellinger
Mit Bertold Ulsamer und Harald Hohnen
187 Seiten, 3. Auflage 2003
Herder Verlag

Ein langer Weg
Gespräche über Schicksal, Versöhnung und Glück
Mit Gabriele ten Hövel
240 Seiten, 2005
Kösel-Verlag

Einsichten und Gedanken

Die Mitte fühlt sich leicht an
Vorträge und Geschichten
264 Seiten, 9., erweiterte Auflage 2003
Kösel-Verlag

Religion – Psychotherapie – Seelsorge
Gesammelte Texte
232 Seiten, 2. Auflage 2001
Kösel-Verlag

Entlassen werden wir vollendet
Späte Texte
220 Seiten, 2. Auflage 2002
Kösel-Verlag

Gedanken unterwegs
236 Seiten, 2. Auflage 2005
Kösel-Verlag

Gottesgedanken
Ihre Wurzeln und ihre Wirkung
240 Seiten, 2004
Kösel-Verlag

Wahrheit in Bewegung
160 Seiten, 2. Auflage 2005
Herder Verlag

Dankbar und gelassen
Im Einklang mit dem Leben
157 Seiten, 2005
Herder Verlag

VIDEOS UND DVDS

Alle diese Videos und DVDs sind zum Preis von je € 25,-
(zzgl. Versandkosten) erhältlich bei: Video Verlag Bert Hellinger
International, Postfach 2166, D-83462 Berchtesgaden.

Einführung und Schulung

Videos

Die Seele schenkt
Schulung in Köln
2 Videos, 4 Stunden, 50 Minuten

Ordnungen des Helfens
Schulung in Bad Nauheim
2 Videos, 2 Stunden, 32 Minuten

Helfen – eine Kunst
Schulung in Salzburg
2 Videos, 4 Stunden, 10 Minuten

Helfen braucht Einsicht
Schulung in Zürich
4 Videos, 7 Stunden, 20 Minuten

Helfen auf den Punkt gebracht
Schulung in Madrid
4 Videos, 7 Stunden, 36 Minuten (Deutsch/Spanisch)

Dimensionen der Liebe
5 Videos, 11 Stunden (Deutsch/Französisch)

Zu den Schulungsvideos gehören auch die Videos vom Kurs
für soziale und pädagogische Berufe in Mainz:

Helfen im Einklang
1 Video, 2 Stunden, 40 Minuten

Kurzsupervisionen
1 Video, 2 Stunden, 35 Minuten

Das andere Familien-Stellen
1 Video, 2 Stunden, 15 Minuten

DVDs

Lernen mit Bert Hellinger
Ein Schulungskurs
8 DVDs, 14 Stunden

Dimensionen des Helfens in der Praxis
Schulungskurs in Basel
1 DVD, 3 Stunden, 8 Minuten

Liebe in unserer Zeit
Schulungskurs in Bad Sulza
3 DVDs, 4 Stunden, 31 Minuten

Wie Liebe und Leben zusammen gelingen
Kurstag Lebenshilfe in Aktion, Leipzig
2 DVDs, 2 Stunden, 55 Minuten

Schulungstag: Lebenshilfe in Aktion
Neuchâtel 2005
3 DVDs, 2 Stunden, 40 Minuten (Deutsch/Französisch)

Geistige Liebe – geistiges Heilen
1 DVD, 1 Stunde, 57 Minuten

Paarbeziehungen

Videos

Wie Liebe gelingt
Die Paartherapie Bert Hellingers
5 Videos, 12 Stunden, 30 Minuten

Wir gehen nach vorne
Ein Kurs für Paare in Krisen
3 Videos, 7 Stunden

Liebe und Schicksal
Was Paare aneinander wachsen lässt
4 Videos, 10 Stunden, 10 Minuten (Deutsch/Italienisch)

Ich liebe dich
Lebenshilfen für Mann und Frau
Schulungskurs in Bad Sulza
2 DVDs, 2 Stunden, 41 Minuten

Liebe wächst
Geschichten aus einem Kurs für Paare
Schulungskurs in Neuchâtel
4 DVDs, 5 Stunden, 33 Minuten (Deutsch/Französisch)

Eltern und Kinder

Videos

Haltet mich, dass ich am Leben bleibe
Lösungen für Adoptierte
2 Videos, 7 Stunden

In der Seele an die Liebe rühren
Familien-Stellen mit Eltern und Pflegeeltern von behinderten Kindern
1 Video, 2 Stunden, 30 Minuten (vergriffen)

DVDs

Liebes Kind
Lebenshilfen für Kinder und ihre Eltern
Schulungskurs in Bad Sulza
3 DVDs, 4 Stunden, 16 Minuten

Alle Kinder sind gut und ihre Eltern auch
Schulungskurs in Bad Sulza
1 Stunde, 12 Minuten
Vortrag und Meditationen

Was in Familien krank macht und heilt

Frieden und Versöhnung

Videos

Bewegungen auf Frieden hin
*Lösungsperspektiven durch das Familien-Stellen bei
ethnischen Konflikten*
2 Videos, 4 Stunden, 30 Minuten

Bewegungen der Seele
3 Videos, 9 Stunden, 30 Minuten

Wie Versöhnung gelingt
1 Video, 1 Stunde, 37 Minuten (Deutsch/Griechisch)

Familien-Stellen in Istanbul, Video 2: Der Friede
Was die Getrennten wieder vereint
1 Video, 2 Stunden, 41 Minuten (Deutsch/Türkisch)

Das Überleben überleben
*Nachkommen von Überlebenden des Holocaust stellen
ihre Familie*
1 Video, 2 Stunden, 30 Minuten

Die Toten
Was Täter und Opfer versöhnt
1 Video, 60 Minuten

Ein weiteres Video zu diesem Thema dokumentiert
einen dreitägigen Kurs in Israel im September 2002.
Nur in Englisch.

Awakening Love in the Soul
Workshop in Tel Aviv, Israel
5 Videos, 10 Stunden, 50 Minuten

CDS UND AUDIOKASSETTEN

Alle diese CDs sind erhältlich bei: Video Verlag Bert Hellinger International, Postfach 2166, D-83462 Berchtesgaden.

Schuld und Unschuld in Beziehungen
Geschichten, die zu denken geben
2 CDs

Die Grenzen des Gewissens
Geschichten, die wenden
2 CDs

Ordnungen der Liebe
Geschichten vom Glück
3 CDs

Leib und Seele, Leben und Tod
Psychotherapie und Religion
2 CDs

Das Judentum in unserer Seele
1 CD

Gottesgedanken
Ihre Wurzeln und ihre Wirkungen
1 CD
Auch als Audiokassette erhältlich.

Was Menschen glücklich macht
2 CDs

Dimension der Liebe
2 CDs

Ordnung und Krankheit
2 CDs

Die andere Liebe
Was über uns hinausführt
1 CD

Die Bewegungen der Seele
1 CD

Organisationsberatung und Organisationsaufstellungen
1 CD

Nur die Liebe hat Zukunft
Bruneck
1 CD (Deutsch/Italienisch)

Nur die Liebe hat Zukunft
Meran
1 CD (Deutsch/Italienisch)

**Rilkes Deutung des Daseins in den Sonetten an Orpheus,
eingeführt und vorgetragen von Bert Hellinger**
Teil 1: 4 CDs
Teil 2: 4 CDs

DIE HELLINGERZEIT*SCHRIFT*

Was finden Sie in dieser Zeitschrift?

1. Etwas für Sie persönlich:
Orientierung in Fragen der Liebe, des persönlichen Schicksals,
der Lebensweisheit.

2. Handlungshinweise:
Zum Beispiel, wie man Kindern helfen kann, was Beziehungen
erneuert und vertieft. Wie das Vergangene der Zukunft
dienen kann.

3. Antworten auf brennende Fragen:
Dabei geht es jeweils nur um einen Punkt und eine Sache –
immer auf das unmittelbar Mögliche ausgerichtet.

Diese Zeitschrift erscheint viermal im Jahr.

Bestellung bei:
HellingerZeit*schrift*
Aktionsgemeinschaft Lebenshilfe
Postfach 2120
D-83462 Berchtesgaden

HOMEPAGES

Wenn Sie sich über Bert Hellinger und seine Angebote
informieren wollen, finden Sie die näheren Angaben auf
den folgenden Homepages:

www.hellinger.com
www.hellingerschule.com

AUSBILDUNG ZUM FAMILIENSTELLER NACH DER METHODE VON BERT HELLINGER ALS ANERKANNTER BERUF

In Zusammenarbeit mit *Université Européenne Jean Monnet
a.i.s.b.l.* in Brüssel bieten wir eine Ausbildung an, die nach drei
Jahren mit einem *Diplom der Université Européenne Jean Monnet
a.i.s.b.l. in Familien- und Systemaufstellungen nach der Methode
von Bert Hellinger* abgeschlossen werden kann. Dieses Diplom
wird europaweit anerkannt.
Die Université Européenne Jean Monnet a.i.s.b.l. ist assoziiertes
Mitglied der EAP (European Association for Psychotherapy).
Näheres über die Zulassungsbedingungen und den Ausbildungs-
gang erfahren Sie unter www.hellingerschule.com

© Jürgen Schlagenhof

BERT HELLINGER,

geboren 1925, hat Philosophie, Theologie und
Pädagogik studiert und arbeitete 16 Jahre lang
als Mitglied eines katholischen Missionsordens
bei den Zulus in Südafrika. Danach wurde er
Psychoanalytiker und entwickelte unter dem
Einfluss der Gruppendynamik, der Primärtherapie, der Transaktionsanalyse und verschiedener
hypnotherapeutischer Verfahren die ihm eigene
Form des Familien-Stellens, das heute weltweit
Beachtung findet und in vielen unterschiedlichen
Bereichen angewandt wird. Zum Beispiel in
der Psychotherapie, der Organisationsberatung,
der psychosomatischen Medizin, der Lebens-
und Erziehungsberatung und der Seelsorge
im weitesten Sinne.

www.hellingerschule.com